Pierre Franckh

Dimagrisci
con la forza della mente

Traduzione di Valentina Rancati

SONZOGNO

Titolo originale: *Wünsch dich schlank*

Copyright © 2010 by Koha Verlag GmbH, Burgrain/Germany

Copyright © 2011 by Sonzogno di Marsilio Editori® in Venezia

Traduzione di Valentina Rancati/Grandi & Associati

www.sonzognoeditori.it

Prima edizione: giugno 2011

ISBN 978-88-454-2479

Progetto grafico e art direction
Hangar Design Group

DIMAGRISCI
CON LA FORZA DELLA MENTE

Testimonianze

«Sono felicissima, ho perso tre taglie.»

«In quattro mesi sono dimagrito 17 chili.»

«Sono scoppiata di gioia e mi sono messa a saltare nuda per il bagno.»

«Ho cominciato a perdere peso rapidamente e in modo costante.»

«Ho cominciato a desiderare il mio peso ideale. Da allora sono dimagrita più in fretta che mai.»

«Il mio sogno si è avverato: 22 chili in meno!»

«A volte è così facile che si stenta a crederlo.»

«Volevo solo ringraziarla. Ora sono davvero felice.»

«Da allora il mio peso è precipitato. Chilo dopo chilo. Finalmente mi sento libera.»

«Dimagrisci con la forza della mente ha funzionato!»

Il dimagrimento comincia dalla mente e si vede poi sul corpo

Tutti noi abbiamo idee precise su come debbano andare certe cose. E proprio per questo, il più delle volte non siamo capaci di uscire dai binari già tracciati.

Le idee fisse non sono altro che convinzioni. E sono queste convinzioni a determinare la nostra vita.

Con le convinzioni creiamo la nostra realtà.

E se le tue convinzioni sul corpo, sul mangiare e sul dimagrire fossero sbagliate?

Sono molti anni ormai che durante le mie conferenze e i miei seminari racconto come si può dimagrire in modo facile ed estremamente efficace, grazie alla sola forza della mente. Da altrettanti anni, molte persone riescono a raggiungere in questo modo il loro peso ideale. E, cosa ancora più importante, lo mantengono a lungo dicendo addio al temuto effetto yo-yo.

Dato che non vi è nulla di più convincente del successo degli altri, di tanto in tanto farò intervenire alcune di queste persone che hanno ottenuto la silhouette dei sogni con ottimi risultati.

> Caro Pierre,
> La ringrazio di cuore. Ero fermamente convinta che anche io sarei riuscita a perdere il mio sovrappeso "accumulato".
> Dopo nemmeno un anno ho perso 25 chili e non devo più portarmi in giro quella zavorra! Nel frattempo ho letto tutti i Suoi libri e so che riuscirò a perdere ancora altri cinque chili. Allora avrò raggiunto il mio obiettivo! Mi sento più in forma, contenta, e in piena salute!
> Saluti dalla Svizzera,
>
> Irène

Anche tu puoi dimagrire in modo facile e semplice.

Non ci credi? Forse in questo momento sei convinto che dimagrire solo grazie alla forza della mente sia impossibile. È la tua convinzione. E in questo non vi è nulla di sbagliato o giusto, nulla di buono o cattivo. È solo una convinzione. Questa ferma convinzione, tuttavia, ha delle conseguenze, perché la tua vita si adeguerà e si svilupperà intorno a essa.

E se le tue convinzioni si basassero su dati e fatti sbagliati?

Di sicuro, nel leggere questo libro, noterai più volte che la ragione reagisce opponendo resistenza. Nulla di cui stupirsi. La ragione non conosce altro modo. Finora la tua ragione è partita da una costruzione completamente diversa della realtà. Non sorprenderti, dunque, se all'inizio opporrà resistenza.

Riconoscerai di non credere, di non capire o di ignorare alcune affermazioni di questo libro, alcune delle quali ti sembreranno addirittura ridicole.

Quello che ti vuol far credere la ragione è stato già provato da tempo in maniera scientifica:

> *Grazie alla sola forza della mente possiamo dimagrire e raggiungere il peso forma.*

Ovviamente le convinzioni possono anche farci ingrassare. In questo la maggior parte di noi è, del resto, molto abile.

Quindi c'è solo un'unica domanda da farsi: Quali sono le tue convinzioni? Come puoi influenzarle?

In questo libro faremo molto altro, forse più di quanto ti aspetti, e probabilmente alla fine abbandonerai molte convinzioni ingannevoli.

Il vero dimagrimento inizia sempre dalla testa e si vede poi sul corpo. Non il contrario.

La maggior parte delle diete vuole farci credere che mangiamo le cose sbagliate e che per dimagrire dobbiamo cambiare le nostre abitudini alimentari. Purtroppo non è così.

Ci sono infatti dei motivi se nel corso degli anni abbiamo accumulato così tanti chili. Motivi che hanno un peso. Se non capiamo questi motivi e non cambiamo e trasformiamo la vecchia impostazione della nostra mente, allora possiamo tormentarci quanto vogliamo e perdere peso a non finire, ma presto torneremo sulla bilancia con più chili di prima.

Secondo le statistiche, un tedesco su tre ha già provato a mettersi a dieta almeno una volta nella vita. Senza successo. Come se non bastasse, gli aspiranti magri si sono ritrovati più grassi di prima. E anche più frustrati. Sentendosi, così, degli incapaci con poca forza di volontà.

Non solo le diete ci fanno ingrassare,
ma ci privano anche della nostra autostima.

Quante volte negli ultimi anni amici e conoscenti sono venuti da me e mi hanno raccontato raggianti di aver trovato la dieta miracolosa. Di solito, dopo sei mesi, sui fianchi avevano ancora più chili di prima.

È come se in noi ci fosse un'impostazione
segreta che vuole qualcos'altro.

Questa impostazione esiste davvero!
Le diete che consigliano solo di mangiare meno non sono molto utili, perché è una cosa che faremmo volentieri, se solo potessimo. Eppure non possiamo. Abbiamo una fame da lupi, mangiamo inconsapevolmente o senza nemmeno pensarci e non riusciamo proprio a trattenerci. Anche qui non c'è da meravigliarsi. Reagiamo agli impulsi del cervello.

Le abitudini alimentari sono guidate
dal cervello.

La proposta di mangiare meno dura pochissimo tempo perché siamo legati agli impulsi della ragione.

Essere grassi non indica una mancanza
di forza di volontà, ma un'impostazione
sbagliata del cervello.

Possiamo fare quello che vogliamo, ma finché la ragione abolisce ogni nostro proposito non avremo nessuna possibilità di ottenere il corpo che desideriamo.

L'unica domanda davvero importante che dovrebbe interessarci è perché la ragione ci obbliga a mangiare più di quanto avremmo bisogno.

*Dimentica le diete e tutto quello
che hai creduto finora sul dimagrire.*

Dimagrire, in ogni caso, non costa nulla: non devi assumere medicine particolari né comprare pillole a prezzi salati che arricchiscono solo i produttori, non devi ingurgitare preparati e frequentare corsi on-line. Non devi nemmeno seguire una dieta da fame, sopravvivere con 500 calorie al giorno o bere cinque litri d'acqua quotidianamente. Niente di tutto questo.

Basta con le cure dimagranti! Non hai bisogno di seguire nessuna dieta insapore che propone noiose portate, né di mangiare solo ananas, riso o siero di latte.

Da anni molti perdono peso grazie al principio del "dimagrire con la forza della mente". E il bello è che poi mantengono il peso raggiunto. Perciò tutto quello che leggerai in questo libro non è pura teoria, ma qualcosa che per molte persone ha già funzionato alla grande.

In effetti, ho deciso di scrivere questo libro spinto da chi mi pregava di trasmettere questa conoscenza non solo nei miei seminari.

Quale che sia la tua convinzione attuale, questo libro farà maturare dentro di te nuove esperienze, anche se in verità scoprirai che non sono poi così nuove. Perché tutto quello che scrivo tu lo sai già. L'hai solo dimenticato, così come l'avevo dimenticato io.

Forse in passato hai solo scambiato supposizioni sbagliate per giuste.

Caro Pierre,
sono così felice e Le sono così grata. L'ho conosciuta a novembre a Bad Pyrmont! E in quell'occasione ho preso diligentemente appunti e ho trasformato i Suoi stimoli in pratica. Ora non solo sono felice e sana, ma ho anche perso tredici chili in tre mesi, senza fatica.
Grazie, grazie, grazie!

Tatje

Dimagrire è facile.
È la cosa più facile del mondo.
Bisogna solo sapere come farlo.

L'idea che per dimagrire bisogna soffrire è piuttosto ridicola.

Se ingrassare è così facile (e quindi se una cosa per nulla naturale e sana ci riesce senza alcuna difficoltà), dimagrire (una cosa che ci rende felici) sarà molto più semplice.

Non ci credi?

Questa è una convinzione ben radicata. E come avremo modo di vedere, sono solo le nostre convinzioni a influenzare quello che succede.

Caro Pierre!
A causa di una grave infezione, due anni fa ho preso per mesi dei medicinali che, tra le altre cose, mi hanno provocato nausea e riduzione del tono muscolare. Sono anche dimagrita di dieci chili, però. Dato che in linea di massima non avevo cambiato le mie

abitudini alimentari, ho temuto che dopo la mia guarigione avrei recuperato in fretta il peso perduto. Volevo evitarlo. Il mio scopo era rimanere magra, ma ricostruire la massa muscolare che avevo perso.

Non appena guarita, sono stata molto attenta e scrupolosa con la mia alimentazione. Presto questo mio chiodo fisso ha assunto un carattere nevrotico e tutti intorno a me hanno cominciato a scuotere la testa di fronte ai miei sforzi.

Ma non solo: nonostante abbia seguito un piano dietetico e un programma di allenamento, sono ingrassata! Sono andata nel panico. Ero diventata insicura e prigioniera del circolo vizioso della conta delle calorie, dell'allenamento e del controllo. Volevo tornare finalmente a mangiare con piacere, avere una sana percezione di cosa faceva male e cosa no, poter valutare le quantità e smettere con la conta delle calorie e le innumerevoli annotazioni.

Infine ho chiesto all'universo di aiutarmi. Ho espresso questo desiderio: «Ora sono in perfetta forma, magra e sana, e assaporo tutto quello che mangio.»

Inoltre ho immaginato come sarei stata bene nei miei nuovi vestiti alla moda e ho cercato di essere sempre di buon umore.

Malgrado le difficoltà iniziali, sono riuscita ogni giorno di più ad abbandonare i timori e a fidarmi delle sensazioni del mio corpo.
Ho perso dieci chili e mantengo il peso forma da un anno, senza fatica.
La decisione di rivolgermi al mio Io più elevato è stata l'unica giusta; così ho ritrovato me stessa.
Grazie, universo, per la mia nuova consapevolezza corporea.
Con affetto,

Silvia

Tutto quello che leggerai in questo libro ha già aiutato molte persone a dimagrire. E in modo duraturo. Me compreso.

E se, tanto per cambiare, ora fosse il tuo turno?

Ecco quello che andremo a fare:

- porteremo la ragione dalla nostra parte, per evitare che continui a lavorare contro di noi;
- individueremo e trasformeremo le vecchie *impostazioni* dannose e ne creeremo altre nuove e utili;
- individueremo e trasformeremo le vecchie *convinzioni* dannose e ne creeremo altre nuove e utili;
- individueremo e trasformeremo le vecchie *abitudini* dannose e ne creeremo altre nuove e utili.

E tutto questo in modo facile e semplice!

Affermazioni
- ★ Dimagrire è facile e divertente.
- ★ Grazie alla forza della mente posso avere il corpo che desidero.

La svolta dal punto di vista biologico

Com'è possibile dimagrire grazie alla sola forza della mente?

Le cellule del nostro corpo si rinnovano ogni sette anni. In alcuni punti il processo avviene più spesso e più in fretta. Alcune si rigenerano mensilmente, altre addirittura ogni giorno. Le vecchie cellule muoiono di continuo e ne vengono costruite altre.

Questo significa che almeno ogni sette anni il nostro corpo è, di base, completamente diverso. Ogni elemento, ogni organo, ogni cellula (della pelle, del cuore o del naso)... Ogni sette anni i singoli componenti del nostro corpo sono del tutto nuovi.

Come devono cambiare e con quale informazione devono cominciare il loro lavoro siamo sempre e solo noi a deciderlo. Con i nostri pensieri.

Grazie alle nuove conoscenze della fisica, della biologia quantistica, della matematica moderna e dell'epigenetica[1] è sempre più evidente che è la forza del modello delle convinzioni a farci diventare quello che pensiamo di essere: dalla salute alla malattia, dalle difese immuni-

---

[1] L'epigenetica è un ramo della biologia che si occupa del cambiamento genetico. Di fatto il codice genetico (dna) è plasmabile per tutta la vita perché i cromosomi e le loro attività possono modificarsi. Questo, a sua volta, ha effetti sull'intera persona, sulla personalità, sui fattori di rischio per la salute, ma anche sull'aspetto esteriore. I cromosomi, come ogni singola cellula del corpo, sono influenzati e plasmati dallo stile di vita, dai sentimenti e dalle condizioni psichiche così come dai nostri pensieri e dalle nostre convinzioni.

tarie al bilancio ormonale, dalla capacità di guarire da soli a quella di essere felici.

Alcuni studi provano addirittura che con le convinzioni non condizioniamo solo la nostra vita, ma possiamo anche dare nuova forma al nostro corpo. La scienza ha dimostrato solo da poco qualcosa di strabiliante a questo proposito.

> *I sentimenti e le convinzioni umane condizionano la forma del dna.*

L'HeartMath Institute della California ha esaminato gli effetti delle emozioni e delle convinzioni persino sul nostro patrimonio genetico (dna). Gli studiosi Glen Rein e Rollin McCraty hanno effettuato delle ricerche sul dna umano.[2]

I risultati sono sbalorditivi e non possono essere ignorati. Seppure gli scienziati sono sempre stati scettici riguardo a un'azione della mente sul dna, oggi hanno osservato qualcosa che secondo le leggi della fisica conosciute finora non avrebbe dovuto esserci, ma che intanto è diventato un fatto scientificamente dimostrato:

> *La forza della mente condiziona profondamente il dna.*

È un concetto difficile da capire per la nostra ragione.

Fino a oggi ci avevano insegnato che il dna è immutabile: nasciamo con quel dna e niente (eccetto forti interventi esterni) può condizionarlo o addirittura cambiarlo. Ora è stato dimostrato che il patrimonio genetico

---

[2] HeartMath Institute, 14700 West Park Avenue, Boulder Creek, California 95006, USA.

può essere modificato del tutto e reagisce addirittura a sottilissime vibrazioni di energia!

Alcuni ricercatori spagnoli hanno persino osservato che il dna ha una struttura più complessa di quella che pensavamo. I biologi molecolari hanno scoperto che le informazioni codificate nel dna nascondono a loro volta altri strati codificati. Questi poggiano l'uno sopra l'altro e si influenzano a vicenda di continuo. Il flusso di informazioni è quindi sempre bidirezionale, ossia funziona da entrambe le parti.

Il dna non è per niente stabile come pensiamo.

I vari strati e i vari geni si sovrappongono.

Alcuni studi effettuati sui gemelli hanno dimostrato che i loro dna, completamente identici alla nascita, cambiano nel corso della vita e cominciano a distinguersi l'uno dall'altro.

Il dna non è più solo una lunga stringa di nucleotidi a forma di doppia elica.

È circondato da altri geni che con le loro informazioni influenzano di continuo la stringa principale, la cosiddetta alfa-elica.[3]

Il biologo cellulare Bruce Lipton,[4] che lavora presso la Facoltà di medicina dell'Università del Wisconsin ed è ricercatore alla Stanford, ha dimostrato che i pensieri e i sentimenti hanno effetto su ogni singola cellula del nostro corpo.

---

[3] Pearson, H., *What is a Gene?*, «Nature», 441, 25, maggio 2006, S. 399-401; Pearson, H., *Genetic Information: Codes and Enigmas*, «Nature», 444, 16, novembre 2006, S. 259-261; Qui, J., *Unfinished Symphony*, «Nature», 441, 11, maggio 2006, S. 143-145.

[4] Bruce Lipton, grazie alle sue conoscenze sulla membrana cellulare, è il pioniere dell'epigenetica. Questo biologo è l'esperto internazionale della mediazione tra scienza e spiritualità.

Queste recenti scoperte sulla membrana cellulare hanno fatto di lui il pioniere della nuova scienza dell'epigenetica.

Quando l'abbiamo intervistato per il lavoro sul nostro film *Der Gesetz der Resonanz* [La legge della risonanza], ci ha spiegato che sia la vita personale sia la vita nella sfera collettiva vengono guidate dai collegamenti tra l'interno e l'esterno, tra la mente e la materia. «Le funzioni biochimiche del corpo dimostrano che l'esistenza non viene stabilita dal dna, ma dal nostro modo di pensare e vivere.»

Perché il dna costruisce sì il nostro corpo, ma noi ne influenziamo la struttura e gli indichiamo in che direzione procedere.

> *Dato che il dna contiene il codice con il nostro progetto di costruzione, possiamo condizionare, di conseguenza, la nostra struttura.*

E questo grazie ai pensieri, ai sentimenti e alle convinzioni. A molti questa consapevolezza risulta completamente nuova. In realtà questo sapere risale a secoli fa.

> *Quello che pensi di essere oggi lo sarai domani.*
> Buddha

Grazie alle recenti scoperte, le ultime ricerche neuroscientifiche confermano che sussiste un'interazione molto intensa tra i pensieri, il cervello e il corpo. Anche in questo caso, si sapeva già da tempo che la mente può cambiare il nostro aspetto.

In che modo fluiscano le informazioni biochimiche coinvolte e come infine condizionino il corpo, possiamo vederlo, per esempio, nello stato di angoscia.

Quando ci troviamo da molto tempo in uno stato di

ansia, l'intera fisiologia cambia. È risaputo. Siamo affetti da malattie croniche, contrazioni e altri sintomi visibili sul nostro fisico.

Oggi, però, queste ricerche hanno dimostrato qualcosa di molto più incisivo: in alcuni stati emotivi persistenti si arriva a un riassetto dei collegamenti delle cellule nervose competenti del cervello.

E questo è fondamentale, perché è così che nascono nuove associazioni nelle aree cerebrali di riferimento. Il cervello, quindi, si rinnova ed emette altri ormoni e neurotrasmettitori, chiamati catecolamine, e la continua distribuzione di catecolamina cambia la struttura e la funzione degli organi.

Questo significa che il cervello reagisce, per esempio, alle preoccupazioni e alle paure, alle sensazioni di felicità e di euforia (quindi anche a tutte le emozioni e convinzioni) e con la ridistribuzione di nuove catecolamine apporta un cambiamento nel nostro corpo.

Nel frattempo è stato provato che queste sostanze possono persino modificare le cellule. Negli stati di ansia e preoccupazione prolungata, il cervello emette, tra gli altri, il neurotrasmettitore della dopamina e l'ormone dello stress, il cortisolo. In questo modo la materia grigia è addirittura in grado di chiudere intere sequenze di dna o di creare nuovi prodotti genetici copiando parti di altre stringhe di dna.

Il cervello è in grado di cambiare la struttura e la funzione delle cellule.

E sono i pensieri, i sentimenti e le convinzioni a metterlo in moto. Non appena l'angoscia diminuisce e sviluppiamo altri sentimenti più importanti, il cervello ricostruisce il nostro corpo.

Anche il cervello può essere plasmato e, come vedremo in seguito, può cambiare persino dal punto di vista fisico: cresce o si restringe a seconda dello stato dei nostri pensieri e delle nostre convinzioni.

- I nostri pensieri plasmano il cervello.
- Il cervello plasma il nostro corpo.
- Corpo e cervello si condizionano a vicenda.
- Se cominciamo a pensare, sentire o percepire in modo diverso e arriviamo a nuove convinzioni, grazie al cervello avremo un corpo diverso che si adegua esattamente alle nostre nuove idee.

> Gentile signor Franckh,
> io e mia madre siamo davvero entusiaste dei suoi libri. Soprattutto per quanto mi riguarda alcuni miei desideri si sono già avverati, per esempio ho ottenuto le ferie retribuite e sono cresciuta di altri 2,5 centimetri all'età di 22 anni.
> Stupendo!
> Cordiali saluti (e grazie!)
>
> Kathrina

I limiti esistono solo nella nostra testa. In realtà davanti a noi abbiamo un numero illimitato di possibilità. E la cosa fantastica è che non siamo più gli unici a sostenerlo. Perché questa affermazione ora è confermata anche dalla scienza.

> *La scienza sa da tempo che i geni reagiscono ai segnali del cervello. Questi segnali influenzano le cellule e causano un cambiamento nella codificazione genetica.*
>
> Bruce Lipton, biologo cellulare

*I sentimenti e le convinzioni cambiano
la struttura del dna.*

Gregg Braden[5]

Con la forza della mente e dei sentimenti abbiamo la possibilità di provocare tutti quei cambiamenti che tanto desideriamo.

Grazie alle nostre nuove convinzioni possiamo persino modificare il dna, stimolare la capacità del nostro corpo a guarirsi da solo, ottenere una splendida figura slanciata e raggiungere tutto ciò che ci sembra possibile.

Impossibile è solo ciò che pensiamo lo sia.

Se i pensieri e le convinzioni hanno un tale effetto sul corpo e sulle cellule, allora sfruttiamolo, questo strumento. Non sarebbe bello, per esempio, avere il potere di influenzare il nostro aspetto con la forza della mente e delle nostre convinzioni? Facciamolo con delle affermazioni.

Con la sola forza della mente e delle convinzioni influenziamo la struttura del dna.

*Caro Pierre,
convinta e consapevole che la forza del pensiero funzionasse, ho cominciato anche io, circa un anno e mezzo fa, a ripetere e a scrivere: «Peso 56 chili. Il mio peso corporeo*

---

[5] Dopo una carriera come computer system designer e tecnico di scienze informatiche applicate alla geologia, Gregg Braden studia da 20 anni monasteri in Egitto, Perù e Tibet alla ricerca dei loro segreti vitali. Le sue scoperte sono pubblicate in numerose opere, come per esempio *La matrix divina*.

è di 56 chili.» Così ho segnato su carta il mio peso ideale, come se l'avessi già raggiunto. Ho continuato a scrivere e a ripetere le stesse cifre nella forma temporale del presente (per alcuni giorni o alcune settimane) e presto la mia bilancia (dopo circa otto settimane) ha segnato il peso che desideravo, e questo fino a oggi. Non posso fare nient'altro che incoraggiare a scrivere e a pronunciare queste due frasi in modo davvero continuativo e completo. Non è per niente uno sforzo e dietro non c'è nessuna dieta, ma il risultato è reale!
Buona fortuna a tutti

Jana

Usa la forza delle affermazioni

Le affermazioni sono frasi formulate al positivo da ripetere in continuazione, come un mantra. Sono risposte affermative che rafforzano gli scopi della vita.

In realtà sono ancora più efficaci. Con le affermazioni costruiamo nel modo più veloce possibile il campo di risonanza ideale per i nostri desideri e programmiamo in modo mirato il cervello.

> *Le affermazioni sono degli imperativi*
> *per la ragione e per il dna.*

Le affermazioni pensate o pronunciate in continuazione agiscono a fondo sul processo decisionale e sulle funzioni cerebrali.

È questo il senso più profondo delle affermazioni. La ragione comincia a cancellare le vecchie impostazioni e a crearne di nuove. Sostituiamo il nostro modello e le nostre convinzioni, finora piuttosto dannose e negative, con nuove convinzioni positive.

Si tratta di credere fermamente nelle nostre affermazioni: dobbiamo sentirle con tutto il corpo. Perché nella nostra vita si avvera solo quello che sentiamo e crediamo davvero.

> Caro Pierre,
> è geniale! Da febbraio ho cominciato a desiderare e a immaginare il mio peso ideale. So la data precisa perché l'ho scritta nel mio quaderno dei desideri.
> Quasi ogni mattina ho ripetuto questo desiderio come un mantra.
> Ad aprile è cominciato tutto. Ho notato che nella mia massa corporea era cambiato qualcosa.
> E questa volta nella parte inferiore, come volevo. Nel frattempo ho perso sei chili e ho quasi raggiunto il mio primo obiettivo. Sono felicissima. Ho sempre creduto fermamente di farcela.
> Cari saluti,
>   Anja

Ogni affermazione deve regalarti un sentimento caldo, piacevole e sicuro.

Quando noti che le tue paure emergono o non credi in te stesso, correggi la tua frase del desiderio finché non riesci a dirla e pensarla senza opporre resistenza. Cerca solo quelle affermazioni che ti calzano meglio e verso cui senti meno resistenza.

Dirsi «Sono attraente», per esempio, è incredibilmente difficile per alcune persone. Magari perché per troppo tempo sono state convinte del contrario e altri hanno confermato questa opinione.

Prima di esigere troppo da se stessi con le affermazioni e prima di scatenare con i propri dubbi una vibrazione opposta, ci si può avvicinare a questa frase anche per iscritto. «Mi piaccio» oppure «Mi piaccio sempre di più» potrebbero essere frasi percepite in modo molto più potente e non suscitano alcuna resistenza interiore.

Vorrei spendere due parole anche sull'importanza della scelta delle parole giuste, perché già nella formulazione si commettono gli errori più grandi.

Perché la giusta formulazione del desiderio è così decisiva? Semplice, perché la formulazione scatena una serie di avvenimenti.

L'effetto delle affermazioni
- Comunichiamo con il nostro corpo tramite i pensieri e le convinzioni.
- Ogni affermazione è come un ordine impartito al nostro subconscio.
- Le affermazioni cambiano le vecchie convinzioni.
- Queste nuove convinzioni sono ricevute dal cuore e dal dna.
- Il tuo dna indirizzerà il suo progetto di costruzione seguendo le convinzioni.

Le frasi del desiderio o le affermazioni non solo ci aiutano a concentrare la coscienza su uno scopo, ma hanno anche un effetto su tutto il nostro essere. Cambiamo le convinzioni in funzione dei nostri desideri e inviamo al corpo questa unione di energia.

Ovviamente vogliamo che le convinzioni siano giuste. Di seguito, troverai le indicazioni più importanti di cui tener conto:

- *Desidera sempre nella forma del presente,* mai nella forma del futuro: «Sono snello» e non «Voglio essere snello». Altrimenti creerai la condizione di volere qualcosa e non di essere qualcosa.
  Perché il desiderio «Voglio essere magro» è già stato raggiunto. Se l'hai già desiderato, domani continuerai a desiderare di voler essere magro.
  Invece la forma al presente, «Io sono magro», vale per l'intero sistema cellulare: ora ogni singola cellula del corpo si modifica secondo il nuovo ordine.
- *Elimina le parole "non" e "niente" dalle affermazioni.* Il pensiero di «non creare» crea quello che non vogliamo perché ci pensiamo con angoscia. Non è bene evitare di volere qualcosa. Tutto ciò che vogliamo evitare, lo attireremo nella nostra vita perché le energie del pensiero verranno concentrate su quello.
  I pensieri formulati al negativo hanno quindi l'effetto che vogliamo evitare. «Non voglio essere grasso» significa, tradotto per il nostro inconscio, «Voglio essere grasso.»
  Perché anche se non lo vogliamo, la prima immagine che si crea nei nostri pensieri e sentimenti è quella dell'essere grassi. Non possiamo far sì che qualcosa non si crei. Possiamo solo e sempre creare qualcosa di nuovo.
  Dobbiamo quindi occuparci del suo corrispettivo positivo. Per desiderare qualcosa pensa sempre e solo a dove vuoi arrivare e non da cosa vuoi allontanarti.

- *Formula la frase in modo chiaro, sintetico e preciso.*
  Quanto più precisi saranno i desideri, tanto più esattamente verranno tradotti i tuoi ordini.
  Più chiara e sintetica sarà la formulazione, tanto più sarai obbligato a inoltrarti nel vero fulcro del tuo desiderio.
- *Fondamentale è anche l'emozione* che vogliamo provare una volta ottenuto lo scopo.
  Formula quindi anche il sentimento che vuoi raggiungere quando il tuo desiderio si realizzerà. Altrimenti potrebbe succederti quello che è successo a Beate, che in uno dei miei incontri a Zurigo ha raccontato questo aneddoto:

«Perdo 5 chili.»
Mia figlia aveva desiderato di perdere cinque chili. Il desiderio si è avverato. Letteralmente. Purtroppo.
Il giorno successivo ha infatti perso la sua borsa, che pesava cinque chili esatti. Non ha potuto lamentarsi, il suo desiderio era stato esaudito.

In una delle mie conferenze una signora mi ha raccontato qualcosa di davvero straordinario:

«Nuda sono bellissima da vedere.»
Mi ha confidato di aver cercato a lungo la giusta formulazione del desiderio. «Dimagrisco» non le piaceva perché probabilmente sarebbe ingrassata e dimagrita in continuazione. «Sono magra» non le piaceva nemmeno perché era preoccupata di poter diventare troppo magra.
Alla fine ha trovato la frase che la convinceva: «Nuda sono bellissima. Piaccio e mi guardano volentieri.»

Ha ripetuto questa frase nella sua mente in continuazione. E si è subito sentita più magra, piacendosi sempre di più.

A partire da questa nuova sensazione ha cominciato a pensare a dei nuovi vestiti. Per questo è andata in un'elegante boutique e ha iniziato a provare diversi abiti. Tra questi ovviamente anche un bikini, che sperava di poter indossare presto.

Era nuda come un verme davanti allo specchio e stava per mettersi le mutandine, quando al di là del camerino qualcuno con una montagna di vestiti si è impigliato nella tenda. Questa si è aperta e lei si è ritrovata nuda davanti a tanti occhi increduli.

La sua frase si era avverata: «Nuda sono bellissima. Piaccio e mi guardano volentieri.»

E visto che parliamo di formulazioni sbagliate, ecco un altro aneddoto:

«La bilancia segna 58 chili.»
Un desiderio all'apparenza giusto che Monika aveva così formulato: «Sulla mia bilancia leggo 58 chili.» Quello era il peso che voleva raggiungere. Aveva anche immaginato se stessa sulla bilancia, non qualcun altro. Sembra tutto giusto. O forse no? Il suo desiderio si è avverato il giorno successivo: in bagno le è caduta una bottiglia d'acqua che si è rotta con gran frastuono sulla bilancia. E che cosa segnava la bilancia? 58 chili. La bilancia si è rotta e da allora in poi ha sempre segnato 58 chili.

Come usare le affermazioni
- Pronuncia le affermazioni in silenzio nella tua mente o recitale ad alta voce e in ogni istante senti la fiducia nascere dentro di te.

- Non mettere alcuna pressione, solo felicità nelle tue affermazioni. La pressione scatena solo una pressione opposta.
- Rimani rilassato e fiducioso.
- Senti la forza e l'energia della realizzazione. In questo modo cambi l'intera struttura dei tuoi pensieri, entri ancora di più in sintonia con il tuo desiderio. Cresci insieme al desiderio. Diventa sempre di più il tuo desiderio.

Probabilmente all'inizio le tue affermazioni ti sembreranno persino sconcertanti, oppure incontrerai il tuo stesso rifiuto. È comprensibile, poiché la tua ragione è programmata sul sovrappeso. A lei non piacciono queste frasi.

> *Non confondere la verità profonda*
> *con le chiacchiere della ragione.*

Siamo sulla strada della tua verità interiore più profonda. E in questo percorso faremo cose che alla ragione sembreranno ridicole, impossibili o sbagliate.

Non fa niente. Non devi nemmeno capire queste frasi. Devi solo sentirle.

Ah, e fallo con un sorriso. Se sorridiamo non possiamo avere pensieri negativi.

> *Caro Pierre,*
> *quest'estate sono ingrassata molto sulla pancia (non entro più nei pantaloni).*
> *Nessuna dieta mi ha aiutata sul lungo termine finché non mi sono costruita da sola alcune affermazioni: «Ogni giorno dimagrisco, qualunque cosa mangi, e*

rimango sana. La mia pancia rimane piatta
e bella a lungo. Amo il mio corpo.»
Ha fatto miracoli. Poche settimane dopo la
mia pancia era bella e piatta.
Essendo specializzata in PNL[6] sapevo come
funzionava l'inconscio ed era chiaro che le
affermazioni erano il modo sicuro per
dimagrire e mantenere il peso. Ne sono felice.
Saluti,

           Laura

Caro Pierre,
dopo aver letto il tuo libro ho pensato molto e
mi sono segnata alcune cose per le mie
affermazioni di vita.
Per quanto riguarda il dimagrimento ho
scritto: «Peso tra i 46 e i 48 chili e mi sento
molto bene. Sono slanciata. Rimango in
forma e in salute fino a un'età molto
avanzata. Il mio cuore è pieno di gioia di
vivere. Sono aperta e pronta a far entrare
la bellezza e un aspetto giovanile nella
mia vita.»
Beh Pierre, cosa posso dire? Ora peso davvero
47 chili da un po' di tempo. Per un'altezza di
1,56 metri sono davvero slanciata. Mantengo
il mio peso facilmente. Non sono nemmeno

---

[6] Abbreviazione di programmazione neurolinguistica: lo scopo della PNL è sviluppare una comunicazione efficace attraverso la riorganizzazione dei legami tra nervi e linguaggio.

mai scesa sotto i 47 chili. Sono sana e in forma. Il mio cuore è davvero pieno di gioia di vivere. Sono bella e ho un aspetto giovane. Ciao,

Sabine

- La materia nasce dall'energia che le dà forma.
- Quello che pensiamo sempre si materializza.
- All'energia non interessa quello che desideriamo. Lavora come ci aspettiamo, con o contro di noi.
- Ogni cellula del corpo raccoglie questa energia e si orienta di conseguenza.
- Con i nostri pensieri ci limitiamo da soli.
- Con le nostre convinzioni ci limitiamo da soli.
- Con le affermazioni negative ci limitiamo da soli.
- Viviamo solo quello che crediamo.
- Tutto è possibile se pensiamo che lo sia.
- Se pensi che sia possibile.
- Lo pensi?

Soluzione 1

Trasforma i desideri in obiettivi

Dimagrire è una questione di giusti obiettivi

Ovviamente potresti cominciare subito con il programma *Dimagrisci con la forza della mente*. Niente di più facile. Sarebbe facile inserire subito le 11 soluzioni nel tuo ritmo vitale. Ma sarebbe ancora meglio non affrettare le cose. I progetti cominciati in fretta finiscono anche in fretta, perché privi di resistenza.

Non cercare di vincere una guerra lampo contro i chili di troppo, anche se preferiresti rientrare oggi nel tuo bikini piuttosto che domani.

Lo svantaggio delle cosiddette diete lampo è che spesso fanno perdere subito qualche chilo e fanno anche mantenere il peso raggiunto per un po' di tempo. Ma già solo dopo un anno la situazione cambia. Il temuto effetto yo-yo si ripresenta subito.

L'obiettivo quindi non è dimagrire il prima possibile. L'obiettivo è raggiungere facilmente il peso forma e mantenerlo per sempre.

> Ciao Pierre,
> sono assolutamente entusiasta della facilità
> con cui si può dimagrire grazie alla forza
> della mente...
> In sei mesi ho perso nove chili. È stato due
> anni fa, quando sono stata al tuo seminario.

Lì è cominciato tutto. E fino a oggi ho mantenuto questo peso... quando mi sono decisa, tutto è stato facile.
Grazie!

Con affetto, Doris

Doris ha detto una cosa molto importante: quando si è decisa, tutto è stato facile.

Con la decisione il nostro desiderio acquista volontà.

Perché la volontà è così importante?

La volontà ci aiuta a trasformare i propositi in fatti e porta i nostri desideri nel regno della realtà.

Tutti conosciamo il detto «Volere è potere.» Nella volontà risiedono la forza e l'energia. Ma soprattutto ciò che ci fa mirare allo scopo. Grazie a questa direzione la nostra coscienza viene guidata verso determinate attività.

Diventiamo quindi attivi.

Caro Pierre,
ho intrapreso una lotta contro un peso di 113 chili, negli ultimi anni ne ho persi 30 e me ne mancano ancora altri dieci.
La cosa più importante per me è stata la volontà di affrontare finalmente il problema e di farlo per me stessa, non per gli altri.
L'imperturbabile convinzione che finalmente ce l'avrei fatta è stato il primo, decisivo passo verso il dimagrimento.
Una volta presa questa decisione,

all'improvviso tutto è andato meglio, mi sentivo ufficialmente libera.
Tutti quelli a cui lo raccontavo dicevano ammirati: «Wow, 30 chili, grande!» Eppure sai cosa? Per me è «solo» un numero, perché io sono rimasta la stessa persona (anche se più sicura di me).
La cosa più importante per me è che non ho mai messo in dubbio questa decisione e ho sempre saputo che ce l'avrei fatta, perché altri prima di me ce l'hanno fatta e altri ancora ce la faranno.
Spero che queste righe possano motivare anche altre persone e possano risvegliare in loro la fiducia in se stesse.
Perché i sogni sono le gemme della realtà.
Tanti saluti,

Anett

Quando ci decidiamo, tutto diventa più facile. Perché con la nostra decisione i sogni ottengono una volontà. E parimenti prendono una direzione.

La decisione trasforma i desideri in obiettivi.

Solo quando ci decidiamo vediamo chiaramente l'obiettivo davanti ai nostri occhi. Solo allora siamo davvero concentrati. Finché riflettiamo su questo e quello, finché titubiamo, la nostra energia si disperde.

Se invece ci poniamo obiettivi precisi, il cervello produce dopamina. Il neurotrasmettitore della dopamina viene comunemente chiamato "ormone della felicità". Ha un forte influsso sulla nostra psiche. In positivo e in negativo. La dopamina aumenta il nostro senso di benessere. *Ci motiva e ci premia* con una sensazione di felicità e guida in questo modo i nostri desideri.

Gli obiettivi vengono raggiunti anche con la dovuta motivazione. Già con la gioia anticipata ci prepariamo positivamente. Poiché la gioia crea passione, divertimento e disponibilità da utilizzare per gli obiettivi imposti.

> *Quando abbiamo un chiaro obiettivo davanti agli occhi gli ostacoli diventano barriere sormontabili.*

Prima di cominciare vale quindi la pena prendere una decisione e fissarsi degli obiettivi precisi. Perché se vogliamo arrivare alla meta abbiamo bisogno di segnali. Altrimenti si tratta solo di andarsene ed essere diversi da come siamo adesso. E siccome vogliamo andarcene, scappiamo, senza sapere dove.

> *Chi non conosce la propria meta non può nemmeno raggiungerla.*

Se vogliamo dimagrire, la nostra meta non deve essere mangiare di meno o seguire un rigido programma di allenamento che sicuramente non riusciremo a rispettare a lungo. Invece di tutto questo, vale la pena costruire forza e resistenza mentale, che hanno un effetto a lungo termine.

Alcuni studi sulle performance degli atleti dimostrano in modo chiaro cosa stabilisca la differenza tra le persone con scarsi risultati e quelle con grandi prestazioni: obiettivi chiari e ben identificati.

Forse hai in mente l'immagine dei giocatori di una squadra che stanno in cerchio e si motivano l'un l'altro. Si promettono che ce la faranno.

La tua decisione non funziona in modo diverso. Ti fa sapere che ce la farai!

Ogni squadra sportiva sa che cosa vuole vincere. Ogni atleta ha un preciso obiettivo in mente.

> *Poniti piccoli obiettivi che puoi raggiungere passo dopo passo.*

Se la meta è troppo illusoria o troppo lontana potremo crollare a metà strada.

Meglio individuare piccole tappe che ci mostrano di poter davvero raggiungere il tutto.

Anche se vuoi dimagrire non più di due o tre chili, poniti piccole tappe intermedie. Tanti piccoli successi sono una spinta di incoraggiamento maggiore. E da queste tante piccole tappe presto nascerà una maratona.

Pierre,
prova a immaginare: sono rientrata nella taglia che portavo 12 anni fa. I vestiti di un tempo sono ormai fuori moda, ma io no. Eh eh. Io sono di nuovo moderna.
Oggi mi sono comprata un nuovo abito e mi sono goduta ogni secondo. Quel vestito era il mio obiettivo. L'avevo scelto un anno fa. Volevo entrare in quel preciso vestito. Questo vestito ha la stessa taglia (ora non ridere) che aveva il mio abito di nozze di 12 anni fa. Come dici sempre tu «Bisogna avere uno scopo!» E io ho indirizzato lì tutta la mia gioia. Ha funzionato.
Volevo solo ringraziarti.

                                        Barbara

Con il principio del *Dimagrisci con la forza della mente* raggiungerai il peso ideale. Tuttavia prima della realizzazione del sogno c'è sempre una decisione. Solo quando abbiamo preso una decisione possiamo intraprendere la strada scelta.

Io stesso ho perso dieci chili in tre mesi. È stato facile. Quasi un gioco da ragazzi. Ho iniziato il 22 dicembre. Quindi in un periodo impossibile. Due giorni prima di Natale. Un periodo di biscotti, dolci e piatti superabbondanti.

Eppure ce l'ho fatta.

Perché? Proprio perché sin dall'inizio avevo preso la mia decisione. È stato difficile solo fin quando non ho preso la decisione. Poi è filato tutto liscio.

Esercizio
- Comprati un calendario o un'agendina e scrivici gli accordi presi con te stesso. Così: «Oggi prendo l'accordo con me stesso che…»
- Descrivi i tuoi obiettivi nel modo più chiaro e preciso possibile. Quanti chili vorresti perdere? In quale vestito o in quali pantaloni vorresti rientrare?
- Non prefiggerti troppe cose, trasforma invece i tuoi scopi in tappe raggiungibili.
- Dopo aver raggiunto il tuo scopo puoi porti altri obiettivi. Passa di tappa in tappa fino ad arrivare al peso ideale.
- Scrivi gli obiettivi su una scheda e portala sempre con te.
- Il momento della decisione è fondamentale. È un punto di svolta nella tua vita.
- Rendilo un tuo piccolo rito.

Trova il momento giusto

Una volta presa la decisione stabilisci un momento preciso in cui vuoi cominciare.

Scrivi questa data sul tuo calendario. D'ora in poi questo è l'appuntamento più importante.

Non importa se vuoi cominciare oggi o domani o solo la prossima settimana. Questo appuntamento è il primo passo verso il tuo peso ideale. Senza questo primo passo niente si metterà in moto.

Dimagriremo solo quando passeremo dai semplici desideri ai passi concreti. In qualsiasi momento cominci, sono importanti la decisione, l'azione, l'iniziativa, il *pronti partenza via!*

Affermazioni
- ✶ Da ora mi permetto di essere magro.
- ✶ Sono legato profondamente al mio obiettivo.
- ✶ Sorrido al pensiero di dimagrire.
- ✶ Sono aperto e pronto a cambiare vita.
- ✶ Ogni istante della mia vita è nuovo e meraviglioso.
- ✶ Sono aperto e pronto a essere magro.

Soluzione 2

Sii consapevole di cosa mangi

Porta la ragione dalla tua parte

A volte ti chiederò di fare cose che la tua ragione forse liquiderà come ridicole, perché le sembreranno banali o stupide.

Non c'è da sorprendersi, perché molte cose per la ragione sono nuove, non corrispondono alla sua convinzione e quindi vengono rifiutate in quanto inutili.

La ragione si muove in modo molto astuto. Sa come riuscire a convincerti. Svaluta queste cose come se non avessero senso, le deride benevolmente o ti fa credere che non avresti alcun motivo per farle. La ragione giudica sulla base delle esperienze vissute finora. Non riesce a ricorrere ad altro.

Quando vogliamo dimagrire c'è sempre qualcuno che si intromette con piacere. Questo qualcuno diffida spesso e volentieri del nostro successo o della nostra capacità di resistenza, mette tutto sul piano del ridicolo, mette in dubbio ogni cosa e prima o poi ci convincerà dell'assurdità dei nostri propositi. E se a un certo punto gli diamo ragione e rinunciamo, ci dice tutto orgoglioso che ce l'aveva detto.

Conosciamo tutti questo "qualcuno" vicino a noi. È la ragione.

La ragione può essere il nostro peggior avversario o il nostro più grande sostenitore.

Dipende da come l'abbiamo programmata. Se siamo sovrappeso possiamo presupporre che la nostra ragione utilizzi un programma sbagliato che ci rende difficile dimagrire.

Quindi sii paziente con la tua ragione. All'inizio sarà confusa. Concedile un po' di tempo per cambiare. Per ora non sa fare meglio. Cercherà addirittura di evitarti ogni possibilità di dimagrire. Ti dimostrerà che dimagrire in questo modo non è né sano né fattibile, che è addirittura pericoloso. Cercherà di convincerti a non intraprendere nulla di nuovo.

Quindi dapprima la nostra ragione non ci incoraggerà a dimagrire. Al contrario, all'inizio ci contrasterà.

All'inizio la ragione non è in grado di farci dimagrire.

Se vogliamo abbandonare la vecchia via e lasciar entrare la nuova nella nostra vita, dovremo convincere piano piano la nostra ragione, attaccandola con i suoi stessi mezzi e regalandole nuove esperienze. Questo è il modo in cui la ragione impara più velocemente. Perché le esperienze nuove e positive la sorprendono. E subito la ragione si adegua alla novità e si costruisce un nuovo concetto.

La ragione ha un'enorme capacità di apprendimento!

E dato che la ragione memorizza facilmente, comunicherà presto il nuovo concetto presentandotelo come un'idea sua e vorrà convincerti.

Proprio lì vogliamo che stia la nostra ragione.

Dalla nostra parte, a sostenerci. Perché poi ci aiuterà autonomamente a raggiungere il peso ideale.

Ma finché la ragione è così distante da noi dobbiamo procedere in modo astuto.

Non è importante come la mente reagisca agli esercizi di questo libro, quel che è importante è che tu li svolga davvero. Anche la ragione infatti è astuta. A volte si trasforma in un'amorevole guida e ti dice: «Leggi e basta. È sufficiente.»

Non ascoltare la tua ragione.

> *La ragione non è una compagna di cui ti puoi*
> *fidare per dimagrire.*
> *Se lo fosse, avresti già raggiunto da tempo*
> *il tuo peso ideale.*

Se non riusciamo a portare la ragione dalla nostra parte, magari cominceremo con molto slancio, ma l'entusiasmo non durerà a lungo e il tutto si esaurirà presto.

Dimagrire è più facile di quello che pensiamo. Se lo affrontiamo bene siamo già a metà strada. Anche se alla ragione potrebbe non sembrare.

Forse nemmeno tu ci credi. Eppure è la verità.

> *Caro Pierre,*
> *è davvero incredibile. So che ce l'avevi detto.*
> *Ma sono comunque stupito. Con che facilità,*
> *con che velocità! Apparentemente non ho fatto*
> *nulla. Ancora oggi non so come, ma ha*
> *funzionato.*
> *Ora volo, caro Pierre, volo!*
>
> *Grazie, Gerit*

Segna tutto quello che mangi

Per le prossime due settimane non cambieremo nessuna delle nostre abitudini. Rimane tutto come prima. L'unica cosa che faremo è prendere nota.

Non ha importanza quando lo fai; se subito dopo mangiato o alla sera a letto, quando passi in rassegna la tua giornata. Fallo quando riesci a organizzarti meglio.

Puoi scrivere in un libretto, su un quaderno di appunti o sul tuo cellulare.

L'importante è che tu lo faccia!

In alto sulla pagina annoterai la data. E poi farai una lista di tutto quello che hai mangiato.

L'ordine può essere del tutto casuale a seconda di come ti vengono in mente le cose. L'importante è che richiami davvero alla mente tutto quanto. Tuttavia a volte è utile ripensare alla propria giornata nel giusto ordine. In questo modo potranno tornarti più in fretta in mente tutte le cose.

A questo punto è fondamentale che tu non esprima alcun giudizio. Non è importante che pensi di aver mangiato davvero troppo o forse in modo sbagliato. Ed è anche totalmente indifferente che ti sia piaciuto o che forse non ti sei nemmeno accorto che le tavolette di cioccolato erano tre.

Non giudicarti.

Prendiamo solo nota. Non giudichiamo. Quello che mangiamo non è né buono né cattivo. Segnamo solo tutto quello che abbiamo divorato durante il giorno.

Ovviamente potrà succedere che scriverai una lunga lista. Più lunga, a ogni modo, di quello che pensi. In realtà sarà sicuramente così.

Ciononostante cerca di non provare sentimenti negativi. I sensi di colpa non hanno mai aiutato nessuno. Se ci abbattiamo da soli o se ci sentiamo tristi, poi ci vorremo consolare e una tavoletta di cioccolato sarà di nuovo una splendida soluzione. Mangiare ci fa sentir bene. Purtroppo però questa sensazione di benessere non dura a lungo.

Quindi, per favore, non cadere nella trappola del giudizio. Osserva e basta.

E non farti nemmeno tentare dal voler cambiare subito qualcosa nelle tue abitudini.

> *Considera il tuo comportamento alimentare*
> *con la distanza di un osservatore esterno che*
> *deve solamente segnare tutto con precisione.*

Questo è già abbastanza. Non c'è bisogno di fare altro. Sicuramente noterai da subito una cosa particolare, cioè che noi non ci rendiamo conto di gran parte di ciò che mangiamo e beviamo durante la giornata.

Il cibo ci procura di fatto una sorta di liberazione, ma succede in modo talmente abituale che ce ne dimentichiamo subito dopo.

A volte quindi ce ne staremo sdraiati a letto a rimuginare a lungo su cosa abbiamo mangiato durante il giorno. E molto spesso ci verrà in mente qualcosa in più, perché nel corso della giornata non ci siamo resi conto di quello che abbiamo ingerito.

Inoltre, se chiediamo al nostro partner di aiutarci, forse anche a lui verrà in mente qualcosa a cui non abbiamo pensato. Non è una cosa strana perché…

> *La maggior parte di quello che mangiamo*
> *e beviamo durante il giorno lo consumiamo*
> *inconsapevolmente.*

Quando ho cominciato a segnarmi tutto quello che mangiavo in una giornata, Michaela trovava sempre qualcosa di più. In strada, in ufficio, davanti al pc, davanti alla televisione o addirittura poco prima di lavarmi i denti.

Questo piccolo esercizio è molto interessante. Mira

soprattutto a modificare la consapevolezza. Anche se non facciamo grandi cambiamenti, qualcosa in noi cambia comunque. La ragione viene invitata a essere consapevole.

Per la prima volta ci renderemo di nuovo conto di quello che mangiamo.

> *Riportiamo la nostra alimentazione su un piano di coscienza.*

Già dopo 14 giorni noterai che qualcosa nel tuo modo di mangiare è cambiato. La ragione ora è tarata per registrare precisamente quello che introduci nel tuo corpo. Compila la tua lista già mentre stai mangiando.

È quasi come se avessimo affidato alla ragione il compito di sorvegliarci.

E siccome la ragione vuole svolgere i propri compiti in modo preciso, registra addirittura anche i piccoli dettagli.

> *Abbiamo risvegliato in noi una nuova consapevolezza.*

Ora, quando stai seduto nella sala riunioni con un cesto di dolci davanti e mangi la tua tavoletta di cioccolato, questo non succede più inconsapevolmente. E quando prendi la seconda tavoletta la tua ragione fa un secondo segno sulla lista.

Partecipiamo di nuovo con consapevolezza alla nostra alimentazione. Questo cambierà tutto.

In un sondaggio promosso dal National Weight Control Registry,[1] a più di 4000 persone che avevano perso

---

[1] The National Weight Control Registry Brown Medical School/ The Miriam Hospital Weight Control & Diabetes Research Center, 196 Richmond Street, Providence, RI 02903.

in media 30 chili e avevano mantenuto per anni il peso raggiunto è stato chiesto di indicare le loro abitudini e il segreto del loro successo.

Il 44 per cento ha dichiarato di aver annotato giornalmente per iscritto i propri consumi alimentari, acquisendo in questo modo un controllo sulle proprie abitudini a tavola.

> *Abbiamo potere solo sulle cose di cui siamo consapevoli.*

Caro Pierre,
ti scrivo solo per dirti che sono molto felice. Sono stata al tuo seminario di Amburgo. Lì dicevi di scrivere quello che si mangia. L'ho trovato divertente. A dire il vero fin troppo facile. Cosa doveva cambiare? Beh, qualcosa è cambiato. Ora la mia bilancia segna 12 chili in meno. E questo dopo soli sei mesi.
Mi sono comprata un bel libricino e ci scrivo subito tutto, perché adesso devo perdere altri 12 chili.
Posso solo sorridere.

Dorle

Esercizio
- Non cambiare niente delle tue abitudini alimentari.
- Mangia sempre quello che vuoi.
- Non limitarti.
- Segna tutto quello che mangi.
- Richiama alla mente ogni più piccolo dettaglio e scrivilo.
- Non giudicarti.

Affermazioni
- ✶ Prendo coscienza di quello che mangio.
- ✶ È il cibo che serve a me, non sono io a servire al cibo.
- ✶ Mi alimento per vivere.

Soluzione 3

Trasforma le tue vecchie convinzioni negative

Senza le giuste convinzioni positive rimane tutto come prima

Mentre la lista di tutto quello che mangiamo durante il giorno si allunga, ci occupiamo ora del perché a molte persone sembri così impossibile dimagrire.

La risposta è strettamente legata alle nostre convinzioni.

Quando il nostro desiderio di avere un corpo slanciato o un fisico da sogno non si avvera, spesso si insinua un secondo desiderio inconscio, più forte del primo. Questo secondo desiderio lavora sicuramente contro il primo, in modo più duraturo e con maggior forza. Questo secondo desiderio che ci rema contro spesso si traveste da dubbio o da altre ferme convinzioni.

La cosa strana è che:

> *La maggior parte delle nostre convinzioni inconsce non proviene da noi.*

Spesso sono le convinzioni dei nostri genitori, dei nonni o dei fratelli. A volte anche dei nostri insegnanti, amici e conoscenti. A volte possono essere le convinzioni del nostro prete, persino degli insegnanti della scuola materna o della scuola primaria o secondaria. Si tratta dell'opinione che hanno di noi. Per essere precisi, chiunque abbia avuto, in un modo o nell'altro, un ruolo decisivo nella nostra vita condiziona ciò in cui crediamo. Molto prima che nascessimo, e ovviamente molto prima che cominciassimo a pensare, ci è stato insegnato chi siamo e che effetto abbiamo sugli altri.[2]

Abbiamo imparato a valutarci molto presto. E naturalmente anche a giudicarci. Il modo in cui ci giudichiamo oggi si basa per lo più sull'opinione dei nostri genitori, conoscenti, insegnanti e amici. Sono i loro giudizi che ricadono su di noi e che noi cerchiamo di seguire.

Ancora oggi ci valutiamo
per come ci valutavano i nostri genitori.

Tutto quello che i nostri genitori o altri modelli di riferimento della nostra infanzia hanno detto di noi l'abbiamo accolto senza filtri. Tutte le opinioni sul nostro conto, ripetute infinite volte, a un certo punto sono diventate la nostra verità.

In questo modo sono nate quasi tutte le nostre asserzioni. Tutto ciò che oggi pensiamo di noi stessi ha un'origine. E, quasi sempre, questa origine risale a un tempo assai lontano.

Tutti conosciamo le frasi: «Sei troppo grasso. Mangi come un maiale. Divoratore. Devi svuotare il piatto.» Oppure: «Non sono abbastanza bello. Non mi sta bene. Non riesco a ottenere niente. Non credo che possa funzionare. Non sono per niente snello. Chi potrà mai amarmi? Gli altri sono molto meglio, più intelligenti, più magri.»

Se pensiamo a questo o a cose simili, chiediamoci chi ci ha offerto queste frasi all'inizio e quando le abbiamo percepite come la nostra verità.

---

[2] In questo capitolo ci sono riferimenti tratti da *La legge dell'amore* e da *Il libro dei desideri*. Per chi volesse ulteriori informazioni, le troverà lì.

Da piccoli abbiamo magari scoperto di essere indesiderati e per questo ci sembrava di non essere degni d'amore. Questa ferita si è radicata nel profondo della nostra coscienza di bambino. Di un bambino che ha avuto solo questa esperienza. E non conosce altra verità.

Questo bambino sa solo che così com'è non sarà amato. E a un certo punto si convince che questa deve essere la verità.

Pensa davvero di non essere degno d'amore.

È così che si orienta il suo comportamento futuro. Questo bambino comincia a non piacersi più. Durante l'infanzia, l'adolescenza, la pubertà si sviluppano i diversi ruoli: il mattacchione, l'intelligente, il tranquillo, il misterioso, il ribelle o il difficile. È con questi ruoli che veniamo accettati. Eppure, nel profondo dell'animo, ci sentiamo sempre trascurati.

> *Alcuni aumentano persino di peso*
> *per confermarsi di non essere degni*
> *di ricevere amore.*

Oggi ci siamo dimenticati del vero motivo ma non della questione.

Anch'io ho lasciato che molti di questi giudizi diventassero la mia realtà. Persino la primissima frase che ha pronunciato mia madre quando ero appena nato è rimasta dentro di me per decenni.

Ero appena venuto alla luce e (come più avanti lei stessa mi ha confessato imbarazzata) lei mi ha accolto dicendomi le seguenti parole: «Non sei proprio bellissimo.»

Questa frase è stata per molti anni la mia verità e mi ha procurato un violento senso di inferiorità. Sicuramente mia madre non l'aveva pronunciata con cattiveria, tuttavia questa opinione mi è rimasta impressa.

E quando, più in là con gli anni, qualcuno ha cominciato a trovarmi attraente, sexy o bello, io non ci credevo. Se invece qualcuno evidenziava che ero un "tipo", non certo bello, allora io mi attaccavo senza riserve a questa idea.

Ovviamente nel profondo del mio cuore desideravo essere bello e attraente, ma la mia convinzione interiore era un'altra.

> *Spesso i pensieri della nostra coscienza*
> *e le convinzioni nel nostro inconscio sono*
> *molto differenti o persino opposti.*

Questo significa che i nostri pensieri contraddicono ciò che desideriamo nella vita. Probabilmente si oppongono persino con una certa sicurezza a quello che vorremmo.

Se noi avessimo una convinzione positiva inconscia, tutto sarebbe diverso. Soprattutto se si considera che il nostro orientamento conscio è molto limitato rispetto all'inconscio.

> *La coscienza è attiva solo al 5 per cento.*
> *La nostra vita è guidata al 95 per cento*
> *dalle convinzioni dell'inconscio.*

Per quanto possa sembrare strano, la nostra vita viene guidata prevalentemente dall'inconscio. Lì vi sono tutte le impostazioni che ci governano. E queste impostazioni sono nate per lo più durante l'infanzia, quando abbiamo assorbito tutte le opinioni e i giudizi degli altri dentro di noi e abbiamo adeguato il nostro comportamento a queste affermazioni. Inconsciamente questo ha plasmato tutto il nostro modo di essere. Anche se non si addiceva molto a noi o in realtà non ci piaceva.

Noi interiorizziamo. Interiorizziamo così tanto da diventare pian piano un'altra persona. Ci siamo adattati a quello che hanno detto su di noi e abbiamo fatto finta di essere proprio quella persona.

Da tempo ci siamo dimenticati che una volta eravamo diversi.

Portiamo ancora l'etichetta che ci hanno affibbiato i nostri genitori.

Da allora limitiamo le nostre percezioni alle cose in cui crediamo. E siccome secondo noi quello che percepiamo è vero, ci sentiamo rafforzati nella nostra convinzione.

Percepire vuol dire anche prendere per vero. Quindi, da una serie di possibilità traggo la mia verità. La verità viene definita tramite il mio filtro personale.

Tutti noi abbiamo interiorizzato a tal punto le opinioni dalla nostra infanzia che utilizziamo ancora i giudizi di allora su di noi. Ci riteniamo cattivi, inferiori, odiosi, pigri, indecenti, insignificanti, maleducati o ridicoli.

Ci puniamo proprio come facevano i nostri genitori quando facevamo un "passo falso". Ci giudichiamo. Rifiutiamo tutti quei lati del nostro carattere proprio come ci hanno insegnato a fare da piccoli o durante l'adolescenza. Soprattutto durante la pubertà, quando gli ormoni del nostro corpo erano impazziti e i nostri coetanei si punzecchiavano a vicenda con gli insulti più terribili.

Ci consideriamo con gli occhi degli altri e a un tratto non vi è una sola parte del nostro corpo che vada bene: le braccia sono troppo lunghe, le gambe troppo corte, il seno troppo grande o troppo piccolo, i fianchi troppo larghi o il busto troppo lungo.

La maggior parte dei nostri complessi di inferiorità è radicata in noi da anni e sopravvive ancora oggi.

Anche i nomignoli dati senza cattiveria possono avere un effetto negativo su di noi. «Cicciottino mio, grassottello, bel paffutello» ecc. La nostra ragione e il nostro sistema cellulare reagiscono a queste parole. Diventano asserzioni e si manifestano come convinzioni. A un certo punto siamo convinti di essere grassi, odiosi, insignificanti, noiosi, lenti. E sempre di più diventiamo questa persona.

> *I nostri comportamenti sono per lo più inconsci e vengono programmati dagli altri.*

Se allora non sei come ti vuoi, dovresti chiederti se per caso le tue convinzioni inconsce non ti stiano sabotando.
Se è così, nessuna dieta ti sarà d'aiuto, nessuna dieta dissociata o a zona, nessuna cura affamante. Finché le impostazioni inconsce funzioneranno in modo diverso dai tuoi desideri, combatterai una battaglia persa in partenza.

> *Le impostazioni inconsce, quindi le profonde convinzioni su noi stessi, si intrometteranno sempre.*

Finché credi di essere grasso, odioso o insignificante mirerai sempre inconsciamente a quella condizione.
Puoi mortificarti, affamarti e sforzarti quanto vuoi. Ogni cosa dentro di te aspetta solo il momento in cui raggiungi la condizione che corrisponde alla tua certezza.
Ma noi possiamo abbandonare questo negativo circolo vizioso di convinzioni e diventare la persona che tanto desideriamo. E più in fretta di quanto pensiamo.

Caro Pierre,
sono stata al tuo seminario a Francoforte. Mi son detta: «Che cosa ci sarà di così sensazionale in questo seminario?» Poi abbiamo trasformato i vecchi modelli. No, non noi. Io! Ho fatto diventare le mie vecchie asserzioni delle convinzioni positive. È stato fantastico. Come se all'improvviso qualcuno avesse acceso la mia luce interiore.
Tutti mi chiedono se mi sono innamorata. Sì, di me stessa. Da allora ho perso otto chili. Non ho fatto niente. Ho mangiato come sempre. Eppure è tutto diverso. Certo, io sono diversa. Come ho detto, mi sono innamorata. Di me.
Grazie. Grazie.

Simone

Trasforma le vecchie convinzioni

Ancora una volta le conoscenze della neurologia ci vengono in aiuto. Dimostrano che il cervello possiede la capacità di cambiare completamente i suoi collegamenti e di costruire nuovi legami di cellule nervose (neuroni) se per un certo periodo facciamo qualcosa di nuovo o cambiamo modo di pensare.

> *Il cervello reagisce ai pensieri e costruisce di volta in volta la sua superficie.*

Le aree del pensiero negativo e di quello positivo sono sistemate in punti diversi nel nostro cervello.

Nel lobo frontale destro (più o meno sopra le tempie)

si trova l'area dei sentimenti negativi e delle convinzioni sfavorevoli. Nel lobo frontale sinistro del cervello si trova invece il centro del pensiero positivo.

Questi due centri sono sviluppati in maniera diversa, a seconda di come siamo abituati a pensare.

Se pensiamo spesso a noi in maniera negativa, il lobo frontale destro sarà molto pronunciato. Se invece siamo ottimisti e pensiamo spesso a noi e al mondo in modo positivo, la zona della parte sinistra sarà più sviluppata.

Il cervello si adegua a ciò che pensiamo e facciamo di più. E aumenta la superficie delle aree necessarie. Nel campo della neurologia questo fenomeno è chiamato plasticità cerebrale.

> *È dimostrato che il cervello cresce anatomicamente a seconda di quale area usiamo più spesso.*

Tramite una risonanza magnetica tomografica la scienza può misurare con precisione quale zona del cervello è più sviluppata. Più correttamente, bisognerebbe dire quale zona è stata da noi sviluppata in passato.

Se critichiamo, imprechiamo, litighiamo, ci offendiamo o ci sfiniamo, la parte destra del cervello si ingrossa e ci bombarderà subito con altri pensieri negativi e favorirà un flusso di pensieri in quella direzione.

L'area sinistra dei pensieri positivi, invece, sarà sempre più piccola e atrofizzata. Quindi solo di rado avremo pensieri positivi, per noi e per gli altri.

Se invece pensiamo in modo soprattutto positivo, ci lodiamo, siamo orgogliosi di noi stessi, diciamo cose belle su di noi e gli altri, la parte sinistra si ingrandirà e tutto il nostro pensiero seguirà quella direzione.

Ci percepiremo sempre in modo positivo e la nostra vita si orienterà di conseguenza.

> *Sta a noi decidere quale area del cervello utilizzare e ampliare.*

La cosa affascinante è che ogni volta possiamo creare una nuova verità per la nostra vita.

Se quindi per un determinato periodo alleniamo con un nuovo modo di pensare la parte del cervello rimasta finora inutilizzata, in futuro le nostre esperienze potranno essere totalmente diverse. Cancelleremo le vecchie impostazioni del nostro cervello e ne creeremo di nuove.

Cominciamo quindi a trasformare le asserzioni negative in positive e pensiamole e pronunciamole in continuazione. In questo modo, in breve tempo, i nuovi pensieri o le nuove convinzioni diventeranno una potente verità per il nostro cervello e di conseguenza per noi.

Tramite un nuovo modo di pensare e di comportarci possiamo attivare nuove cellule nervose.

Con nuove abitudini, per esempio con gli esercizi proposti in questo libro, possiamo attivare diverse cellule nervose.

La funzione dei neuroni può cambiare, possono nascere nuovi collegamenti, mentre le aree che non usiamo, per esempio quelle che hanno a che fare con i nostri dubbi o i pensieri negativi, diventeranno sempre più piccole e insignificanti.

Possiamo orientare la nostra vita in modo completamente nuovo.

Anche le convinzioni possono cambiare completamente se per un certo periodo di tempo guidiamo il pensiero nella nuova direzione desiderata.

Quando le convinzioni cambiano, anche tutta la nostra vita si modifica. Tuttavia, il cervello ha bisogno di un po' di tempo per trasformarsi. Tutto quello che impariamo ha infatti bisogno del suo tempo.

Soprattutto, se vogliamo mantenere a lungo le nuove informazioni, dobbiamo ripeterle in modo mirato. È un processo di apprendimento che si manifesta solo con la ripetizione frequente.

Per questo è così importante ripetere gli esercizi di questo libro.

> *Se ci dedichiamo in modo coerente alle nuove convinzioni desiderate possiamo abbandonare i vecchi modelli.*

Il cervello può addirittura dimenticare le vecchie convinzioni. Lo hanno provato i neurologi. Questo significa che abbiamo la capacità di cancellare completamente tutte le convinzioni negative su noi stessi, e che ci portiamo dietro da così tanti anni, per sostituirle con quelle positive.

In ogni istante siamo in grado di cambiare la nostra concezione di vita in modo conscio e intenzionale. C'è solo bisogno di tempo, di pazienza e di ripetizione coerente del fine desiderato; allora il cervello costruirà nuovi collegamenti.

Non conta quanto sia negativa l'opinione su te stesso: un modo per uscirne esiste.

Per trasformare questo vecchio modello di pensiero (in parte radicato nell'inconscio) è molto utile scrivere.

Esercizio
- Scrivi ciò che pensi di te.
- Scrivi le frasi che ti rinfacciavano da piccolo e ogni ricordo negativo. Tutte le frasi spaventose, demotivanti e dolorose che hai dovuto sentire da bambino: «Non ci riesci! Lascia che lo faccia io! Sei troppo stupido per questo! Zucca vuota! Non troverai mai una donna conciato così.»

- Quanto più sarai sincero, disinvolto, furioso o triste, tanto più verrà riportato in superficie.
- Cerca di non limitarti, di non essere troppo cortese o gentile con te stesso. Non giudicare la tua opinione su di te. Sii solo onesto. Di' tutto quello che finora non hai osato mostrare agli altri.

Forse all'inizio non sarà facile. Perché appena si comincia è come smuovere una valanga. Dapprima piccola e invisibile, poi sempre più grande e violenta. Si aggiungono le emozioni e all'improvviso ci si sorprende dell'opinione chiara o forse distruttiva che si ha di sé.

Sicuramente emergerà anche molta resistenza.

Se provi del rifiuto interiore è naturale. Non è bello pensare a te stesso in questi termini. Fa male essersi sentiti dire certe cose da piccoli.

Scrivere spesso queste frasi riporta alla luce ciò che era sepolto da tempo, quello che credevamo esserci lasciati alle spalle. Ma osservando più attentamente, riconosceremo che sono proprio queste affermazioni ad agire in profondità dentro di noi, ancora oggi. Perché come sempre, talvolta in modo del tutto inconscio, siamo convinti dell'attendibilità delle parole dette sovrappensiero da genitori o educatori e continuiamo a portare con noi la conferma della nostra (presunta) inadeguatezza.

Tuttavia, una volta che ne siamo coscienti, possiamo condizionare questi giudizi.

Esercizio
- Nei prossimi giorni torna sempre su questa lista. Occupatene. Entra in contatto con la tua vera opinione di te. Più a lungo ci rifletterai, più verranno

in superficie i giudizi e le opinioni che hai sotterrato da tempo dentro di te.

Non appena la lista sarà diventata abbastanza lunga, fai il passo successivo:

- Prendi una di queste opinioni o convinzioni su di te.
- Chiudi gli occhi e chiediti: «Chi l'ha detto?»
- Se lo farai per un po' rimarrai sorpreso da quali immagini da tempo dimenticate verranno a galla.

Quasi certamente constaterai che molte di queste convinzioni non ti appartengono affatto, ma che provengono invece da tuo padre o da tua madre. Forse sono le frasi che hanno sempre predicato.

Dall'infanzia ci portiamo dietro questo modello di pensiero sbagliato.

Ora possiamo uscire da questo circolo vizioso. Se riconosciamo che sono solo delle convinzioni e non l'unica verità possibile, la nostra idea di noi stessi cambierà da sola.
Ci guarderemo con altri occhi.
Non saremo più così sicuri dell'immagine che abbiamo avuto finora di noi. E va bene così. Perché questo assorbirà le energie delle istruzioni negative.
Possiamo capire che non ci riguardavano. Gli altri non hanno riconosciuto la nostra creatività, curiosità, vitalità e il potenziale infantile che avevamo. La persona da cui sono arrivate queste frasi probabilmente non voleva indirizzarle a noi, ma era intrappolata in altri modelli o ha rivisto semplicemente se stessa.

Non appena avremo riaperto gli occhi ci riuscirà molto più facile distanziarci da queste frasi.

Forse chi ci ha giudicato così era preso dai suoi problemi, era stressato dal lavoro, impaziente, era in crisi con il partner, aveva difficoltà economiche o era sopraffatto dalla situazione. Quali che fossero i suoi motivi, non ci riguardavano.

Perciò vogliamo fare ancora un passo avanti. Ora abbiamo la possibilità di trasformare i vecchi modelli negativi, ossia di lasciarli andare.

Esercizio
- Dopo aver scritto tutte le frasi che hanno condizionato la tua vita comincia a riformularle in positivo.
- Frasi come «Non riesci a farlo!» potrebbero per esempio essere trasformate in «Riesco a fare tutto quello che voglio.»
- «Non troverai mai un marito!» diventa «Sono la donna ideale per qualsiasi uomo!»
- «Sei impossibile!» diventa «Sono fantastico!»
- «Sei troppo grasso!» diventa «Mi piaccio così come sono!»

Quando trasformiamo queste frasi in positivo succede qualcosa di molto profondo. La nostra ragione comincia a reimpostarsi. Impariamo che esiste un'alternativa a quello che finora abbiamo preso per "vero".

Se modifichiamo la nostra opinione su di noi,
anche noi cambiamo.

Mandiamo le nuove convinzioni al nostro corpo che si orienterà di conseguenza.

Questi esercizi sono tanto facili quanto efficaci.

La scienza ci propone un tempo minimo di 21 giorni. In 21 giorni il nostro cervello si struttura in quest'area e comincia a costruire in automatico concatenazioni di pensieri nella nuova direzione.[3]

Per questo la cosa migliore è concentrarsi sulle frasi positive.

Esercizio
- La cosa più efficace è un piccolo rito con cui, in un luogo sicuro, bruci le vecchie frasi modello che hai scritto.
- E mentre lo fai senti dentro di te, in profondità, che lasci andare il vecchio modello. Lascia andare tutti i sentimenti che in questo contesto nascono dentro di te, lasciali salire in superficie e andarsene dalla tua vita.
- Ora riempi il vuoto che si è creato con le affermazioni positive. Concentrati.
- Senti la forza e la gioia che scaturisce da questa corrispondenza positiva.
  Identificati con essa e noterai come l'effetto dei modelli negativi diminuisce sempre di più e come gradualmente abbandona la tua vita.
- Pronuncia chiaramente e ad alta voce le affermazioni positive. Lasciale diventare le nuove convinzioni. Più sentirai la loro forza, più velocemente si costruirà il campo di risonanza che desideri.

I miracoli accadono grazie alle convinzioni positive.

---

[3] Pierre Franckh, *Einfach glücklich sein. 7 Schlüssel zur Leichtigkeit des Seins* [Semplicemente felici. 7 regole per la leggerezza dell'essere], Goldmann Verlag, Monaco 2008.

A volte possiamo cambiare la nostra vita persino dall'oggi al domani. La cosa fondamentale è concedere tempo e spazio a questa nuova esperienza. Dobbiamo ripetere le convinzioni che si sono definite fino a quando si fissano nella nostra coscienza. Quando ci riusciremo, avremo creato il presupposto fondamentale per perdere peso e restare magri a lungo.

> Caro Pierre,
> ho fatto esattamente quello che hai descritto nei tuoi libri. Ho sostituito il negativo con qualcosa di positivo.
> Ho la sensazione di essere felice e non rinuncio a niente. Mangio, e quello che mangio ha un ottimo sapore.
> Sì, e nel profondo della coscienza so che sono magra, fantastica, sana e piena di voglia di vivere.
> Un paio di settimane fa una mia conoscente mi ha detto che avevo un aspetto meraviglioso. Mi ha chiesto: «Sei innamorata?» Ho risposto: «Non ancora, ma lo sarò presto.»
> Si può ricevere un complimento più bello?
> Con questa storia voglio esprimerti la mia gratitudine.
> Ciao,
>
> Sabine

Ecco un'altra storia sorprendente che dimostra cosa possano mettere in moto modelli ben radicati:

> Caro Pierre,
> più di 20 anni fa ho frequentato un corso per diventare consulente alimentare.
> Avevo appena concluso il corso di aggiornamento quando ho incontrato una donna con gravi problemi di peso. Mi ha raccontato che era già stata da un certo numero di medici e nessuno era riuscito ad aiutarla. I dottori le avevano consigliato una soluzione radicale perché le sue ginocchia non avrebbero retto a lungo.
> Questa donna due mesi dopo doveva andare in Egitto. Lavorava per una ditta internazionale. Già in aeroporto è stata aiutata in tutti i modi da uomini premurosi. Portare i bagagli, fare il check in, chiamare un taxi, dare informazioni, tutti gli uomini si precipitavano subito da lei e volevano essere d'aiuto.
> Durante il primo colloquio presso la ditta in Egitto ha voluto subito sapere perché gli egiziani fossero così premurosi e amichevoli. Il direttore le ha spiegato che in Egitto le donne in carne sono molto stimate. Più in carne sono, più sono desiderate.
> In circa quattro settimane la donna ha perso peso in modo costante. Dopo nove mesi è

tornata in Svizzera con 25 chili di meno.
Che cos'era successo?
Si era costruita un meccanismo di rifiuto inconscio. Con i suoi quasi 100 chili di prima gli uomini si rivolgevano a lei raramente.
All'età di quattro anni aveva dovuto subire il difficile divorzio della madre dal padre e si era sentita colpevole e ferita.
Con questo caso ho imparato velocemente che l'aver troppo grasso non ha molto a che fare con l'alimentazione. Anche qui i modelli, i blocchi e le paure rivestono un ruolo fondamentale.
Tanti saluti,

Jeanette

Affermazioni
- ★ Ora sono pronto ad ammettere i miracoli nella mia vita.
- ★ Mi libero dalle vecchie convinzioni radicate e trovo nuovi modi vigorosi per godere delle mie nuove esigenze.
- ★ Riconosco le mie paure come una parte di me e le trasformo in energia positiva.
- ★ Uso la mia preziosa energia per sviluppare una forte consapevolezza di me.

Quali sono le tue convinzioni sul dimagrire?

Per completare questo capitolo non possiamo non menzionare che ognuno di noi ha anche un'idea piuttosto radicata sul concetto di dimagrire. Le idee fisse si manifesteranno sempre nella nostra vita, perché corrispondono alla nostra energia di desiderare.

Cerca quali frasi possono appartenerti e poi trasformale per eliminare qualsiasi ostacolo sulla strada verso la perdita di peso.

- La dieta è difficile.
- È facile ingrassare ma difficile dimagrire.
- Dimagrire significa avere molta forza di volontà.
- Non posso dimagrire.
- Ci ho già provato tante volte senza successo.
- Grasso è sano.
- Le diete non servono a niente.
- Se si dimagrisce poi si ingrassa più di prima.
- Tanto non c'è nulla che mi possa aiutare.
- A chi potrei mai piacere?
- Ora non mi importa nemmeno più del mio peso.
- Mi piace troppo mangiare per poter dimagrire.
- Per dimagrire bisogna morire di fame.
- Avrei dovuto dimagrire prima. Ora è troppo tardi.
- Non si può evitare l'effetto yo-yo.
- Anche la/il mia/o amica/o non ce l'ha fatta.
- Non riesco comunque a dimagrire.
- È sufficiente leggerlo, questo libro.
- Chi bello vuol apparire, qualcosa deve soffrire.

Ciao Pierre,
durante il tuo seminario a Monaco ho sentito per la prima volta che "desiderare" può essere utile anche per dimagrire. Mi è subito diventato chiaro che senza la purificazione dell'anima non avrebbe funzionato. Quindi quello che stabilisce la buona riuscita del dimagrimento è cominciare a scavare e

cambiare ogni asserzione che abbia a che fare col cibo. Ciò che ho ottenuto finora è mangiare, mangiare, mangiare senza ingrassare. Fantastico, no? Ma devo perdere ancora sei chili.
Ora ho cambiato le mie affermazioni per raggiungere il peso ideale di 56 chili, avere un aspetto fantastico, essere sana e felice. Dopo il secondo giorno non ho più avuto fame. È davvero divertente, sembra funzionare. Voglio anche dire che subito dopo il seminario ho incontrato un uomo straordinario. Corrispondeva a tutte le caratteristiche elencate sulla mia lista dei desideri che al seminario ho bruciato e mandato nell'aria durante il nostro rituale.
Con affetto,

Antje

Soluzione 4

Pensati magro

Identificati con il tuo peso ideale

Prima di occuparci delle nostre abitudini negative (che sono più di quelle che pensiamo) poniamo la nostra attenzione sul rafforzamento degli obiettivi.

Spesso e volentieri durante i miei seminari dico ai partecipanti di disegnarsi. Chiedo loro di ritrarsi per come si vedono. Nella maggior parte dei disegni emergono delle piccole sfere rotonde su cui poggia una piccola testa. Di solito anch'essa rotonda, e triste.

Infine prego i partecipanti di disegnarsi ancora. Questa volta devono riportare sul foglio l'aspetto che desiderano.

E all'improvviso si vedono tanti corpi ben formati: vita sottile, gambe affusolate e un viso sorridente.

Quando allora chiedo con quale immagine si identificano di più al momento, la risposta è sempre unanime. Con le sfere rotonde insignificanti.

Quindi siamo convinti di essere grassi e insignificanti, e ci identifichiamo con questa parte pesante di noi.

Perciò manifestiamo questa condizione.

Al corpo noi mandiamo proprio questo ordine. E questo ordine dice: «Sono grasso e insignificante.» E il corpo immancabilmente lo esegue. Otteniamo quello che in realtà non vogliamo.

Quindi, se pensiamo a noi stessi in questo modo, anche il nostro corpo comincerà a focalizzarsi sempre di più su questo obiettivo.

Ogni pensiero è energia pura. Energia che vorrebbe materializzarsi. C'è un modo molto facile per risalire questa spirale negativa.

*Dobbiamo indirizzare il nostro pensiero
e identificarci con l'obiettivo.*

Ovviamente le affermazioni sono un mezzo molto forte per guidare i pensieri nella direzione desiderata, ma ci sono ancora molte altre possibilità per trasmettere la giusta energia.

La cosa essenziale è identificarci con lo scopo desiderato e occuparcene indirizzandovi i nostri pensieri tutte le volte che possiamo.

Quanto più a lungo e intensamente ci dedicheremo al nostro desiderio, tanto più intensa e duratura sarà l'energia che mandiamo al corpo e alla coscienza. Forse sembra faticoso, ma in verità abbiamo bisogno di un dispendio minimo di energia. Entrare in sintonia con il proprio desiderio può essere davvero semplice. A dire il vero è persino meglio se quando desideriamo siamo rilassati. Più ci riesce facile, tanto meglio.

Disegna il tuo corpo dei sogni

Una possibilità assai indicata per raggiungere il corpo dei propri sogni è disegnare l'aspetto che desideriamo.

Nei miei seminari chiedo ai partecipanti di identificarsi con il disegno della persona slanciata che vorrebbero diventare. Li incoraggio a completare questo disegno, a colorarlo e, ancora più importante, ad arricchirlo di particolari.

Di solito nella stanza si diffonde un umore piuttosto

gioioso. Tanti cominciano a ridere e i loro occhi iniziano a brillare. Si ricollegano alla loro energia infantile e al sentimento che si aspettano di provare quando il desiderio sarà esaudito.

I partecipanti si mostrano a vicenda il disegno. Ridono e sono pieni di vita. Si riesce quasi a toccare l'energia: «Questo sono io!»

Molti si vedono già in quel corpo. E proprio questo è il nostro scopo.

Chiedo loro di concentrarsi anche a casa su questo autoritratto. Li incoraggio ad appenderlo e a considerarsi solo in questo modo.

Il risultato è sorprendente. Già dopo poche settimane ricevo allegre e-mail di donne e uomini che si meravigliano di quanto funzioni bene questo sistema.

È ovvio che funziona.

Ogni volta che hai quello che desideri davanti agli occhi il tuo inconscio si riempie di gioia anticipata.

Cominci ad accettare sempre di più ciò che desideri. Ti identifichi ancora di più con quello che vuoi. Ti avvicini continuamente allo scopo.

Ogni giorno assomigli sempre di più a questo disegno. Non è più un'utopia. Il tuo corpo non è più irraggiungibile. Le convinzioni aumentano. E all'improvviso tutto cambia.

Noti come è cambiato il tuo corpo. Come pian piano assomigli sempre di più al disegno. Non ti sembra più un miracolo. Ti sembra naturale.

Perché nel tuo pensiero questa immagine era già una parte di te ed è solo naturale che ora sia entrata nella tua vita anche in modo fisico e quindi per davvero.

La cosa essenziale è avere questa immagine (lo scopo desiderato) sempre davanti agli occhi e concentrarti su di essa.

Forse anche tu hai voglia di disegnarti?
Così come vorresti apparire, con quel corpo dalle forme splendide che desideri.

Esercizio

- Comincia a disegnarti. Disegnati come vorresti apparire e allo stesso tempo immagina di avere già questo aspetto: vita sottile, gambe affusolate e un viso sorridente.
- Sii contento. Identificati con l'immagine. Di' sempre: «Questo sono io!»
- Appendi l'immagine per poterla avere sott'occhio ogni giorno.
- Oppure portala con te per guardarla regolarmente.
- Forse di tanto in tanto ti viene in mente qualcosa di nuovo e disegni alcuni dettagli in modo molto più concreto.
- Quanto più il tuo spirito e la tua immaginazione si concentreranno su questa immagine e ti occuperai di questo, tanto prima si trasferirà nella tua vita.
- Più sarai in gioiosa attesa del momento, più sarà forte l'energia emanata.
- Crea un legame con l'immagine. Questo è il tuo favoloso futuro.
- La felicità è un tuo diritto.
- Sorridi ogni volta che vedi l'immagine.

Riconosciti nella tua immagine ideale.

Un'ottima variante è anche il seguente esercizio:

- Cerca delle vecchie foto dove avevi il fisico che vorresti avere oggi.
- Fissa queste foto allo schermo del computer.
- Metti una di queste foto nel tuo borsellino o in tasca.

- Identificati con questa foto. E solo con questa.
- Ogni volta che la osservi, di' a te stesso: «Questo sono io.»
- Sorridi ogni volta che vedi la foto.

In alternativa puoi utilizzare anche le immagini, le foto o i disegni presi dai giornali, periodici o riviste legati al tuo desiderio di magrezza.

L'unica cosa importante è che ti identifichi. Quello nell'immagine sei tu.

Anche se all'inizio potrebbe sembrarti strano, presto questo comportamento diventerà un automatismo. La ragione si orienterà in quella direzione in modo autonomo e piuttosto veloce e la coscienza si concentrerà su questa nuova forma di considerazione.

La ragione e il corpo si sforzeranno di appianare le divergenze tra il corpo immaginato e il corpo attuale. Si troveranno, per così dire, sollecitati.

Tutto il sistema comincia a occuparsi della tua immagine ideale e non più dell'immagine che non vuoi avere.

Se pensiamo sempre al nostro peso ideale, questo si concretizzerà piuttosto velocemente. Come è successo a Karin.

Salve, caro Pierre,
ci siamo conosciuti durante il tuo seminario a Berna. È stata ed è una gioia incredibile aver passato quel giorno con gente così adorabile e con te. Un vero arricchimento. Passiamo adesso alla mia storia: nel 2005 sono rimasta incinta di mia figlia Shayenne, una bambina molto desiderata. Ma alla fine della gravidanza avevo 35 chili in più. Mi sono controllata così tanto, e ho

mangiato in modo davvero sano, ma non è servito a nulla. Dopo l'allattamento ho cercato di perdere chili... tutto inutile!
Mi dicevo in continuazione: «Qualsiasi cosa tenti non serve a niente... per quanto io possa mangiare in modo sano, non dimagrisco...»
Ho accumulato palate di frasi del genere. Per quasi tre anni mi sono portata dietro questo peso e penso di non essere mai stata più infelice in vita mia. Nel maggio del 2008 ho scoperto i tuoi libri e il tuo forum. È stato un vero dono per la mia vita.
Come hai proposto, ho sfogliato le riviste e ho cercato la mia futura figura da sogno. Ho visto una fotomodella ed ero esterrefatta perché mi sono rivista... Ehi, quello era il MIO corpo... Allora ho tagliato l'immagine e ci ho incollato sopra la mia faccia. Calzava a pennello. Questa sono io... io sono superslanciata e supersexy... sono sana e mi sento davvero bene. Da allora queste sono state le mie affermazioni.
Ogni mattina, prima di alzarmi, guardavo la MIA immagine e ripetevo le mie nuove affermazioni. All'inizio era un po' strano. Ero tutt'altro che superslanciata e supersexy... ma non mi sono lasciata fuorviare.
Giorno dopo giorno andava meglio. I miei sentimenti verso me stessa cambiavano e il mio peso... diminuiva sempre di più.

Ad agosto avevo già perso 10 chili, solo con la forza dei miei pensieri!
Da allora è passato un anno: nel frattempo sono dimagrita quasi 30 chili e il mio girovita non misura più 125,5 centimetri!
Senza di te, senza i tuoi libri e le esperienze sul forum non avrei trovato la forza e la motivazione per riesaminare il mio modo di pensare e trovare la mia strada.
Sono slanciatissima e supersexy... grazie dal profondo del cuore.
Cari saluti a te e alla tua famiglia!

Karin

Affermazioni
- ✶ Sono nel mio peso forma.
- ✶ Ogni cellula del mio corpo è irrorata di luce.
- ✶ Il mio corpo è unico ed è un dono che mi ha fatto la vita.
- ✶ Sono sano, felice e pieno di energie positive.

Fai finta che

Per quanto riguarda l'atto di desiderare, anche per trasmettere l'energia in modo mirato, è molto importante essere assolutamente convinti che il desiderio stia per essere esaudito già adesso, non domani o dopodomani o forse la prossima settimana.

Se mentalmente pensiamo all'obiettivo di un corpo magro nel futuro, il nostro desiderio rimarrà sempre nel futuro. Perché in questo modo segnaliamo al corpo che la meta non è così lontana. Ma se non è ancora così lontana, allora il corpo non deve affatto ristrutturarsi. In questo modo il desiderio viene continuamente esiliato nel futuro.

La migliore possibilità di comunicare al tuo corpo questo *Ora è Far finta che*.

Sono magro.

Non aspettare di vedere i risultati allo specchio. Perché aspettare significa mandare in esilio nel futuro la realizzazione del desiderio. Per il nostro sistema cellulare aspettare significa «Non manca tanto.»

La possibilità più efficace per impartire al nostro corpo il preciso ordine di status attuale è sempre il *Far finta che*.

Il corpo dei sogni esiste già nel nostro sistema cellulare ed è solo una questione di tempo prima che questa verità si lasci riconoscere anche dall'involucro più esterno del corpo.

Partiamo dal desiderio già elaborato. Il suo compimento è già cominciato. È già da tempo che percorriamo la via verso il nostro peso forma.

Anche Anett ha fatto questa esperienza.

> Caro Pierre,
> ho girato per diversi negozi e ho guardato i vestiti taglia 44 e mi son ripetuta che era la mia taglia.
> Non mi sono imposta nessuna data per il mio desiderio, perché in quel momento mi risultava difficile.
> Tuttavia, col passare del tempo, incoraggiata da altre esperienze positive riguardo la forza dei desideri e lo scrivere la lista degli obiettivi, mi sono segnata una data, o meglio,

*un termine entro cui volevo raggiungere
la mia meta.
Così negli ultimi anni ho perso circa 30 chili
e ora sto cercando di perderne altri dieci.
Ciao,*

Anett

Il *Far finta che* sollecita il corpo. Più il desiderio è presente nella nostra immaginazione, tanto più velocemente ogni singola cellula dovrà compensare l'insolito divario tra la forza del pensiero e la realtà.

Quello che desideriamo lo abbiamo già.

Più facciamo finta di essere magri, più in fretta si realizzerà il desiderio perché mandiamo continuamente questa fortissima energia alle nostre cellule. Riusciamo a realizzare questo desiderio trasportandolo nella vita reale.

Questo non significa che se vuoi essere magra da oggi te ne vai in giro in bikini. Vuol dire piuttosto che ti senti magro. Il peso forma è già una parte fondamentale della tua vita.

Assumiamo che tutte le cellule del nostro sistema nel frattempo abbiano raccolto le nuove informazioni per ricostruire la struttura del nostro corpo e abbiano cominciato la trasformazione.

Ora, ogni secondo, ogni nuova cellula contiene la nuova informazione e segue il suo progetto di costruzione.

E dato che lo sappiamo, e non vi è la minima ombra di dubbio, questo processo è già una realtà.

Questa consapevolezza è davvero essenziale. Perché se non siamo convinti che succeda veramente, trasmettiamo questa forza di pensiero al nostro corpo. Allora le cellule conterranno diverse informazioni contrastanti.

Possiamo quindi rafforzare i desideri facendo sempre finta di averli già realizzati. Perché il *Far finta che* è così importante? Perché così ci concentriamo in modo positivo sul futuro, ci prepariamo ad accoglierlo carichi di aspettative e lo facciamo entrare nella giusta vibrazione.

- Quando vuoi goderti un bagno, è una persona più magra quella che entra nella vasca.
- Quando prepari da mangiare, è una persona magra quella che cucina per un'altra persona magra.
- Quando fai compere, è una persona magra quella che fa acquisti.
- Quando ammiri l'abbigliamento dei manichini nelle vetrine, è una persona magra quella che guarda i vestiti per se stessa.

Non creiamo più la condizione dell'essere grassi, ma prendiamo ogni fatto e ogni incontro come qualcosa di vero che ci avvicina al nostro sogno.

Danijela, per esempio, si è scritta una lista per aiutarsi nel *Far finta che*.

> Caro Pierre,
> sono arrivati di soppiatto, pian piano e in silenzio: i miei chili.
> Ho fatto di tutto per liberarmi da questo peso che mi accompagnava. Mi affamavo con diverse diete, per poi constatare che ero ingrassata ancora. Infine sono arrivata a pensare: non funzionerà mai!
> Poi nella mia vita è entrata una persona che ha cambiato sotto molti aspetti il mio modo di pensare e persino di vivere, e in positivo.

Questa persona mi ha introdotto nel mondo del "desiderare in modo efficace". Ho approfondito la lettura dei tuoi libri e ho preso una decisione: anche io posso farcela!
Dato che sono una persona molto visiva, ho deciso di scrivere i miei desideri su un foglio da appendere in camera.
Sono passati mesi dalla prima volta in cui mi sono svegliata e ho visto un foglio A4 con su scritto a mano: «Peso 59 chili.»
L'ho interiorizzato ogni giorno, ma non ho dovuto più rifletterci sopra. È stata la chiave della vittoria. Ora so che non riflettendo ho raggiunto il mio peso ideale. Sono partita dal fatto che pesavo già 59 chili e ho mangiato in modo normale.
Sono così grata alla mia amica che mi ha introdotta nel mondo del "desiderare in modo efficace" e mi ha fatto conoscere i tuoi libri. Posso comunicare convinta a tutti gli uomini e a tutte le donne là fuori che funziona! Bisogna solo crederci!
Cari saluti,

                                    Danijela

Con il *Far finta che* anche i nostri dubbi diminuiscono. Aumentiamo la nostra fiducia e sentiamo già come sarà bello questo nuovo aspetto. Nel frattempo diamo meno possibilità alla ragione di controbattere. Quando la ragione ci vuole convincere che il nostro proposito è impossibile, abbiamo già come controprova l'esperienza della gioia e della forza di vita che si sta manifestando tramite quello che verrà. «Ci si sente così quando c'è.» Le emozioni sono sempre più forti e intense della ragione.

*Sondando il terreno ci sentiamo rafforzati
nel nostro desiderio e non cominciamo
a vacillare facilmente.*

Ma la cosa più sorprendente è un'altra. Quando ti vedi magro anche gli altri ti vedono magro. Se ti senti attraente anche gli altri ti trovano attraente.

Il tuo campo di risonanza cerca sempre persone con idee simili che possano confermare le tue convinzioni interiori.

La convinzione interiore diventa così una realtà esteriore. Il *Far finta che* diventa il turbo per la costruzione di una nuova convinzione.

Molti anni fa degli studenti di una scuola di recitazione hanno affrontato un compito che riguardava il corpo. Dovevano spogliarsi sul palco. Alcuni l'hanno fatto più o meno bene, altri, piuttosto coraggiosi, sono riusciti a celare la vergogna, altri invece risultavano ridicoli. Con questo esercizio si vedeva subito chi era sicuro di sé e aveva un'idea positiva del proprio corpo e chi non si sentiva per niente bene nella propria pelle.

Ma chi ci ha sorpresi di più è stato un ragazzo che pensavamo avrebbe avuto qualche inibizione. Ha fatto uno spogliarello che ci ha mozzato il fiato e fatto dimenticare che... aveva una sola gamba.

Lui si trovava bello e trasmetteva questa convinzione con ogni singolo movimento. Per questo le ragazze erano sempre interessate a lui.

*Tutto accade secondo le nostre convinzioni.
Convinciti che sei già magro.*

Caro Pierre Franckh,
ti scrivo per conto di mia mamma.
Anche lei aveva un problema di peso.
Mia mamma (69 anni) non sopporta le diete e mangia anche molto volentieri. Quindi l'unica dieta che poteva prendere in considerazione era una "dieta mentale". Siccome pensava che per lei non sarebbe stato facile dire «Sono magra» e crederci senza annientare l'idea col pensiero, si è affidata a una lista, ossia a quel metodo che Lei descrive nel suo libro La legge dell'amore.
Si sedeva tranquilla una o due volte al giorno e si immaginava di parlare con suo figlio e dirgli qualcosa tipo: «Guarda, Tommi, come mi stanno di nuovo bene questi pantaloni! Non è grandioso? Mi rende molto felice.» E Tommi rispondeva: «Mamma, è davvero fantastico. Stai benissimo. Come hai fatto?»
Nel giro di nemmeno due mesi ha perso quattro chili, semplicemente così, e ancora oggi non li ha ripresi. Mio fratello è arrivato e ha osservato sorpreso: «Mamma, sei dimagrita? Stai bene! Ma non dimagrire più di così.»
Penso che in questo caso il trucco di mia mamma sia stato quello di non concentrarsi su se stessa e sul suo corpo (cosa che riesce difficile a molte persone), ma sui suoi

pantaloni preferiti. Doveva entrarci di nuovo.
In che modo, non aveva importanza.
Il fatto di farsi rispondere da suo figlio che aveva un bell'aspetto, probabilmente ha evitato che l'universo le mandasse una sarta ad aggiustarle la vita dei pantaloni.
Questa possibilità, in teoria, avrebbe potuto anche avverarsi con questo tipo di formulazione, giusto?
A volte è così facile da non crederci.
Tanti saluti,

Sabine

Affermazioni
- ★ Ho il corpo ideale.
- ★ Amo il mio corpo.
- ★ Sono sano e felice.
- ★ Sono bello.
- ★ Peso... chili. Da ora e per sempre. Sono e resto sano.
- ★ L'immagine positiva che ho di me si riflette sugli altri.

«Sono già magro» è una giusta formulazione, ma la parola "già" indica una via di fuga per la ragione. "Già" dimostra che ci convinciamo soltanto di credere in qualcosa.

Quindi è meglio evitare la parola "già".

Sei magro. Fingi di esserlo. Penetra nel sentimento.

Usa la gioia anticipata

Nei due capitoli precedenti abbiamo imparato alcuni ottimi esercizi per concentrare i nostri pensieri sull'idea di corpo magro.

Ma c'è un'altra possibilità, altrettanto efficace, per realizzare il nostro desiderio.

Anche in questo caso le conoscenze scientifiche ci vengono in aiuto.

Ecco una scoperta interessante:

> *Il cervello non sa distinguere la realtà dalla fantasia.*

Per il cervello tutto quello che pensi e immagini è già realtà vissuta. Secondo le ricerche, il cervello percepisce una semplice fantasia con la stessa profondità e intensità di una cosa realmente vissuta.

La reazione del cervello è più marcata quando entriamo nella gioia anticipata.

> *Con la gioia anticipata il cervello ci inonda degli ormoni della felicità.*

Tramite la sola forza dell'immaginazione le sinapsi vengono attivate e vengono rilasciati gli ormoni della felicità, le endorfine.

Questo è importante nella realizzazione dei desideri, per due motivi:

1. *Quando siamo felici,* non importa se per via di qualcosa realmente accaduto o grazie alla forza dell'immaginazione, entriamo nel campo di risonanza della gioia. Secondo la legge della risonanza tutto quello che è in sintonia con questa sensazione di felicità, tutto quello che ha la stessa vibrazione, viene trasferito immancabilmente nella nostra vita.

E siccome la nostra gioia anticipata si riferisce all'immagine di un corpo magro, tutto quello che risuona con l'essere magri verrà attirato nella nostra vita.

2. Il corpo vive un'esperienza molto interessante. Come per il Far finta che, sonda il terreno. Sente già da ora quanto sarà felice quando lo scopo di avere un corpo magro verrà raggiunto, e farà di tutto per realizzare questo nuovo modo d'essere.

Con la gioia anticipata ogni cellula del corpo viene bombardata dall'informazione *essere magri rende felici*.
Le cellule adottano quindi un nuovo piano di costruzione.

Esercizio
- Prova la gioia anticipata.
- Lascia che le immagini più belle ed emozionanti scorrano nella tua mente. Fallo più spesso che puoi.
- Addormentati e svegliati con queste immagini nella mente.
- Ripensa per breve tempo a queste immagini durante la tua giornata. Durante la pausa pranzo, in metropolitana, durante una passeggiata.
- Senti come sarebbe bello.
- Vale la pena raggiungere questa gioia di vivere illimitata.
- Sorridi sempre.

Visto che la gioia anticipata è un mezzo molto intenso per arrivare a nuove convinzioni, per trasmettere questa energia al sistema cellulare devi metterti in questo stato mentale il più spesso possibile.
Nel caso in cui non ti venisse in mente nessuna immagine, devi riflettere sulla domanda «Che cosa faresti se fossi già magro?» e immaginarti le risposte nel modo più visivo possibile.

«Che cosa faresti se fossi già magro?»
Cosa potresti fare?

- Indosseresti il costume pieno di orgoglio?
- Cammineresti nudo per l'appartamento per sentire l'aria sul tuo corpo?
- Ti dedicheresti all'amore per una notte intera senza inibizioni?
- Ti ammireresti allo specchio felice mentre indossi una gonna corta o dei pantaloni molto aderenti?
- Smetteresti di indossare in fretta e furia una maglia prima di entrare in camera da letto?
- Riusciresti a infilare di nuovo la camicia o la maglietta dentro i pantaloni invece di farla penzolare sopra la cintura?
- Entreresti in una sauna a cuor leggero?
- Praticheresti volentieri uno sport come ballare, correre, andare in bicicletta, frequenteresti un corso di yoga o ti faresti fotografare? Forse persino nudo, perché avresti un aspetto meraviglioso...
- Indosseresti con piacere la lingerie o dei vestiti attillati portandoli piena di orgoglio e dignità?
- Il tuo nuovo aspetto meraviglioso ti renderebbe contento?
- Lasceresti che gli altri prendano parte alla tua gioia con felicità e leggerezza?
- Ti piacerebbe che il tuo partner ti guardasse pieno di desiderio?

Qualunque sia l'immagine che ti viene in mente o qualunque sia il pensiero più adatto a te, vivi la gioia anticipata e lascia che questo sentimento diventi una realtà per il tuo cervello. Il tuo corpo si dovrà poi adattare a questa nuova realtà e seguirla in fretta.

Per quanto possa sembrare incredibilmente facile, questo metodo è altrettanto efficace.

La forza del pensiero, insieme alle emozioni, è l'energia più potente di tutto il nostro sistema.

Affermazioni
- ★ Sono grato per la mia bellezza e salute.
- ★ Sono pienamente consapevole della mia bellezza.
- ★ Mi piace il mio aspetto e l'effetto che ha sugli altri.
- ★ Mi godo il mio corpo, è il mio migliore amico.
- ★ So che l'amore verso me stesso mi conduce ai miracoli della vita.

Ciao Pierre,
per me dimagrire è un gioco con l'universo. Ogni mattina, appena sveglia, ancora assonnata, mi metto sulla bilancia e dico: «Peso 54 chili, sono in piena salute, tranquilla e soprattutto sto bene. Ringrazio per i desideri realizzati e per questo nuovo giorno. Grazie.»
L'ho fatto tutte le mattine finché la bilancia un giorno ha segnato 55,5 chili. Cavoli, ero felicissima, avanti così. E poi è arrivato il giorno in cui segnava 54,9. Sono quasi caduta dalla bilancia. Oggi peso 54 chili, fantastico!!!
Stranamente le mie abitudini alimentari sono cambiate (senza sforzo). Auguro agli altri buona fortuna e buon divertimento.
Con affetto,

Rita

Rivedi te stesso in ogni persona magra

Secondo un sondaggio[4] effettuato su larga scala quasi una donna su due non è orgogliosa di sé. Addirittura il 34 per cento delle donne non ha mai provato questa sensazione e il 25 per cento dubita che il proprio partner le trovi abbastanza attraenti. Pensare di essere belli, sensuali, per molti è piuttosto difficile o addirittura impossibile.

Normalmente ci si sente troppo lontani dai parametri di bellezza che vengono imposti. Nessuno ha gambe chilometriche, una taglia che va dalla 38 alla 40, una pancia piatta e ovviamente un viso regolare.

Non ci sentiamo belli e desiderabili. Tanto più quando siamo nudi. Non rientriamo nell'ideale di bellezza[5] generalmente accettato.

Ma finché ci confrontiamo con la perfezione irraggiungibile di questi "modelli" che non hanno nemmeno un brufolo, un grammo di ciccia e hanno un viso straordinariamente regolare, non riusciremo a ottenere nemmeno un briciolo di fiducia in noi stessi, sentendoci invece sempre sotto pressione. Noi crediamo alle immagini dei cartelloni che indicano come dovrebbero essere, ma come in realtà non sono mai, le donne e gli uomini.

Corpi senza difetti sgusciano con fare erotico dai manifesti pubblicitari e ti fanno sentire inferiore. Per esempio, danno alle donne l'impressione di dover essere sempre attraenti e seducenti. E i punti di riferimento maschili sono sempre palestrati e portano capelli sistemati col gel alla perfezione.

Queste pubblicità sono ingannevoli. Nessuna donna è così, e nemmeno nessun uomo. Le agenzie pubblici-

---

[4] Indagine svolta da «Elle» magazine.
[5] Pierre Franckh, *Lustvoll lieben* [Amare con gusto], Koha-Verlag, Burgrain 2006.

tarie lavorano per far sembrare ancora più bella, giovane e soda la pelle delle donne, più liscia di quella della stessa fotomodella. Quindi elaborano degli addominali a tartaruga al computer, per esempio col programma Photoshop.

Noi lo sappiamo. Ma lo sanno anche gli altri? Anche i nostri compagni e le nostre compagne?

Possiamo combattere mentalmente la marea di attraenti sederi a mandolino, parlarne male, demolirli, sentirci infastiditi, classificarli come negativi per le donne e gli uomini, ma a lungo andare perderemo questa battaglia. E soprattutto nessuno si interesserà alla nostra lotta solitaria.

L'unica persona che viene distrutta a lungo termine sei tu. Perché la prossima signorina con un seno dalla forma fantastica ti aspetta proprio dietro l'angolo, proprio dove viene decantata anche una nuova crema depilatoria per le gambe.

Entrare in concorrenza con tutti quei sederi attraenti e quei bei seni è la strada sbagliata. Perché finché gareggeremo contro di loro, ci sentiremo sempre peggio e inferiori.

Sì, questi uomini e queste donne che non esistono affatto e che stranamente rimangono sempre giovani sono certo belli. Per renderli belli sono però stati spesi molti soldi e impiegate molte persone.

Sì, la bellezza piace. Poco importa se si tratta di un tramonto romantico o di un corpo ben fatto.

Finché continueremo a metterci in concorrenza o a paragonarci ai "belli", col tempo perderemo la battaglia. Anche se abbiamo un bell'aspetto, non resteremo giovani per 100 anni e l'immagine del nostro corpo non verrà rielaborata con Photoshop.

Eppure tutti potremmo utilizzare i cartelloni e le pubblicità.

*Potremmo metterci in contatto con la
contemplazione del bello.*

È quello che facciamo quando usiamo la forza della visualizzazione. Ci immaginiamo come già siamo. E ovviamente nella nostra immagine mentale abbiamo un aspetto magnifico. Forse persino come quello dei protagonisti dei cartelloni. Allora perché non usarli per la nostra forza di immaginazione?

Per la ragione sarebbe un'ottima motivazione. E il sistema cellulare accetta senza riserve ogni nostro ordine.

Se ci connettiamo energeticamente con le immagini ideali create da noi stessi, diventeremo così.

Tutto è collegato

Fino a poco tempo fa eravamo ancora convinti che nel nostro mondo ogni cosa fosse separata dall'altra. Pensavamo che due cose separate non potessero avere alcun potere l'una sull'altra. Di conseguenza ci hanno insegnato che anche noi dovevamo considerarci divisi dal resto. Questo ha causato un'inevitabile sensazione di isolamento e solitudine. Ci sembrava di essere abbandonati alle cose e agli avvenimenti. C'eravamo noi, e il resto del mondo. Siamo cresciuti con questa consapevolezza. Questa visione del mondo era diventata così scontata che non la mettevamo nemmeno in discussione, anche se emotivamente non ci andava bene.

Negli ultimi anni le conoscenze della scienza moderna hanno rivoluzionato tutto. Oggi sappiamo che è proprio il contrario. *Non* siamo separati dagli altri.

*Tutto è collegato e ogni cosa si influenza
a vicenda.*

Questa informazione è essenziale per raccogliere l'energia per desiderare. Grazie alla fisica quantistica, sappiamo di poterci legare energeticamente a tutti e a tutto.

Quando lo facciamo, questa energia salta fuori. Vibra insieme a noi. Noi cominciamo a risuonare. La frequenza del nostro sistema cellulare aumenta e questo ci aiuta a modificarlo come vogliamo.

Ma non accade in automatico, dobbiamo connetterci a questa energia, come un treno deve essere collegato alla linea aerea elettrificata. È come quando cerchiamo di sintonizzarci su una stazione radio. Allo stesso modo cerchiamo le frequenze giuste tra la scelta della nostra percezione e la forza del pensiero e a esse ci colleghiamo.

La ricerca della giusta frequenza è più facile di quanto pensiamo. Dobbiamo solo farlo.

Esercizio
- Quando vedi un persona slanciata e aggraziata, sorridi ed esclama convinto: «Quello sono io.»
- Quando vedi una persona con un bel sedere alto e sodo sorridi e di': «Quello sono io.»
- Quando vedi una donna con un bel seno sorridi ed esclama: «Quella sono io.»
- Sii contento di queste visioni.
- Trasmetti questo modello al tuo sistema cellulare.
- Entra in contatto con la bellezza degli altri. Quello sei tu.
- Probabilmente noterai subito che ti senti molto meglio.

Quando entriamo in contatto con la gioia e la bellezza ci sentiamo subito meglio. Più leggeri, ricchi e pieni di vita. Queste stesse sensazioni le trasmettiamo al corpo, che reagisce al segnale.

Sei ciò che vedi. Il corpo reagisce a questa unione mentale di percezione e immagine di sé.

A tal proposito ecco un aneddoto interessante.

«Io sono Michelle Pfeiffer»

Un donna mi ha raccontato di aver fatto questo esercizio e di aver avuto persino il "coraggio", come ha detto lei, di ritagliare da una rivista la foto della famosa attrice. Ha attaccato la foto di Michelle Pfeiffer al suo pc e ha ripetuto: «Questa sono io.» Due settimane dopo era al bar con degli amici e un uomo le ha detto che assomigliava molto a un'attrice americana. Lei ha pensato che fosse un caso, ma proprio quella sera le è successa la stessa cosa altre due volte.

Questo aumento di vibrazione ovviamente possiamo crearlo sempre. Nella vita di tutti i giorni abbiamo una vasta gamma di possibilità. La commessa dell'erboristeria: «Questa sono io.» La signora vestita con grazia: «Questa sono io.» Tutto quello che attrae la nostra attenzione e che associamo all'idea di bello ci dà la possibilità di mettere in pratica la nostra forza di visione. Quella bella ragazza in bikini sulla spiaggia: «Quella sono io.» Quel ragazzo sexy con gli addominali a tartaruga: «Quello sono io.»

I saggi maestri lo sanno da tempo. Anche senza i risultati della fisica quantistica. Da secoli insegnano a collegarsi mentalmente con chi può aiutarci nel nostro cammino.

Vorresti ballare? Collegati mentalmente con i grandi ballerini della terra. Anche se sono già morti. L'energia rimane.

Se vuoi scrivere un libro, entra in contatto con gli autori più importanti del mondo.

Chiuditi nel campo energetico dei quanti, è a tua disposizione.

*Se vuoi avere un corpo slanciato, collegati
con i tuoi modelli di riferimento.*

C'è solo una cosa che può dividerti dai tuoi obiettivi: i limiti della ragione. I veri limiti esistono infatti solo nella tua testa. E se non sono nella tua testa allora non sono da nessun'altra parte.
Quindi in ogni persona slanciata riscopri te stesso.

Affermazioni
- ★ Io sono la bellezza e intorno a me vedo solo bellezza.
- ★ Sono in completo contatto con me stesso e la mia parte maschile o femminile nel mondo.
- ★ Mi accetto in ogni momento per quello che sono così come accetto gli altri.

Soluzione 5

Trasforma le vecchie cattive abitudini

Perché dobbiamo trasformare le nostre abitudini?
Tutti siamo abituati a determinati comportamenti. La maggior parte di questi ci sono piuttosto utili. Grazie al loro aiuto non dobbiamo più farci problemi su molte delle nostre mosse.

Quando guidiamo l'auto, per esempio, svolgiamo contemporaneamente molte operazioni complesse senza che il nostro cervello debba lavorare in modo conscio. Siamo addirittura in grado di chiacchierare tranquillamente mentre svolgiamo le azioni più difficili. Tutte le operazioni necessarie sono per così dire entrate nel nostro sangue.

Ovviamente non è stato sempre così. Per poterlo fare abbiamo dovuto studiarle a lungo, finché non sono diventate automatiche. È grazie a questo allenamento intensivo che oggi compiamo tante azioni senza pensarci.

La stessa cosa accade quando andiamo in bicicletta, camminiamo o parliamo. Queste azioni non ci costano fatica.

Ma non è sempre stato così; abbiamo dovuto metterci molto impegno e tempo per padroneggiare tali abilità.

Questi comportamenti automatici non sono solo utili, bensì indispensabili. Solo grazie a loro possiamo adempiere a tutti gli impegni richiesti.

Tuttavia ci sono modalità comportamentali che non sono così vantaggiose. Della maggior parte di questi comportamenti non ci rendiamo nemmeno conto. Sono inconsci e automatici come camminare, parlare o guidare l'auto.

È proprio questo il vero scopo dei comportamenti automatici: avvenire in modo inconscio per permetterci di svolgere allo stesso tempo attività diverse.

> *Non ci accorgiamo della maggior parte*
> *dei nostri comportamenti.*

Anche il modo e la frequenza con cui mangiamo è un modello di comportamento che avviene per lo più in maniera inconscia.

Se hai del peso in eccesso, puoi star sicuro di aver esercitato un modello di comportamento inconscio che ti ha portato a essere in sovrappeso.

Questi comportamenti, meglio conosciuti come abitudini, sono spesso il peggior nemico del nostro dimagrimento. Ci fanno fare sempre le stesse azioni, senza che ce ne rendiamo conto.

Alle nostre spalle accadono quindi cose di cui non sappiamo niente. Ed è questo il vero problema. Se non abbiamo la consapevolezza della maggior parte dei nostri comportamenti, non possiamo nemmeno modificarli. Non possiamo accedervi.

> *Se vogliamo cambiare i comportamenti*
> *meccanici dobbiamo portarli sul piano*
> *della coscienza.*

Se vogliamo perdere peso senza riprenderlo, il nostro scopo principale sarà portare allo scoperto le vecchie abitudini dannose e diventarne consapevoli.

Non le combatteremo, perché in questo modo la loro energia aumenterebbe. Le faremo solo diventare delle azioni consapevoli.

Allo stesso tempo integreremo nella nostra routine delle nuove abitudini valide che ci aiuteranno a raggiungere in modo facile e naturale il nostro peso ideale.

Con nuove abitudini positive indeboliamo il nostro vecchio modello di comportamento dannoso.

Tale comportamento finirà sempre di più in secondo piano e perderà la sua forza.

Le nuove abitudini ci catapultano in una vera e propria nuova esperienza. Senza alcuno sforzo. Senza doverci tormentare e senza dover combattere continuamente contro noi stessi.

E, cosa più importante, nuove abitudini creano nuove emozioni, pensieri e convinzioni. Proprio quello di cui abbiamo bisogno per ottenere il corpo dei nostri sogni.

Quindi raggiungeremo il peso ideale percorrendo contemporaneamente due strade:

1. Riprogrammando il nostro cervello. Siamo nel bel mezzo del processo.
2. Inserendo nuove abitudini nella nostra vita.

Entrambe le strade si sostengono e rafforzano a vicenda.

Probabilmente già dopo poco tempo noterai enormi cambiamenti su di te. La maggior parte di questi avviene in modo inconsapevole perché le abitudini sono per lo più inconsapevoli. Per costruire nuove abitudini (anche se ci sembra facile e divertente) c'è bisogno di tempo, costanza e allenamento. Secondo gli studi comportamentali ci vogliono almeno 21 giorni.

Dobbiamo fare anche dei piccoli esercizi. Con la sola lettura possiamo fare poco.

Dai al cervello e al sistema cellulare la possibilità di cambiare. Attieniti agli esercizi, 21 giorni sono un buon valore indicativo.

> *Pierre,*
> *non pensavo fosse ancora possibile, dopo tutte quelle diete inutili. E ora: 13 chili in meno. Fantastico.*
> *Marie*

> *21 giorni, come hai detto. Poi tutto è successo in modo spontaneo.*
> *Angelika*

Affermazione
✯ Abbandono tutte le vecchie abitudini e sono libero di avere la vita che desidero.

Fai delle pause mentre mangi

Quando mangiamo nel nostro corpo avvengono processi piuttosto articolati. È proprio perché questi processi sono così complicati e diversi che avvengono cose straordinarie e inaspettate.

Per esempio (ed è una cosa davvero sorprendente), ci vogliono 20 minuti prima che il nostro cervello capisca che siamo già sazi.

È strano. Mangiamo e il cervello non registra che abbiamo già ingerito una quantità più che sufficiente di cibo?

Sembra quasi impossibile. Eppure è così. Ma procediamo con ordine. Come si forma il senso di fame?

Secondo alcuni studi[6] c'è un'area del cervello responsabile del senso di fame, la regione dell'ipotalamo. Lì i cosiddetti recettori della fame reagiscono agli stimoli chimici trasmessi.

Se al nostro corpo manca qualcosa, viene comunicato al cervello. Questa parte del cervello, a sua volta, trasmette l'informazione ad altre zone cerebrali e precisamente a quelle che gestiscono le emozioni, i sentimenti e i pensieri.

Lì i segnali dei recettori della fame provocano emozioni che ci fanno provare il senso di fame. Non ci sentiamo bene e vogliamo solamente riempire questo vuoto.

Quello che chiamiamo appetito non è nient'altro che una reazione a una spiacevole sensazione di fame trasmessa dal cervello.

La fame nasce dal cervello.

Siccome questa sensazione è così spiacevole la vogliamo prevenire prima che ci aggredisca di nuovo. Per evitarla abbiamo trovato un metodo molto facile. Abbiamo imparato, o meglio ci siamo esercitati, a mangiare nelle ore dei pasti.

La ragione ci ha allenato a mangiare in continuazione.

Accade qualcosa di simile con gli animali da laboratorio. Per evitare una spiacevole sensazione, la scossa elettrica per ipotesi, quando suona il campanello o un altro segnale in concomitanza con la scarica fanno cose insolite.

---

[6] National Institutes of Health (NIH), 9000 Rockville Pike Bethesda, Maryland 20892.

Noi non siamo diversi. Per non provare questa sensazione straziante, mangiamo. In modo fin troppo previdente.

Questa catena di informazioni (dal nostro cervello alle sensazioni, fino alla nascita della fame) funziona velocemente e senza intoppi. Senza rallentamenti.

Ma cosa succede col percorso inverso? Quindi dal corpo al cervello?

Quando cominciamo a mangiare, a un certo punto il corpo reagisce con il senso di sazietà. La sazietà dovrebbe indicarci che siamo liberi dal senso di fame. Ma il senso di pienezza, a sua volta, viene innescato dal cervello, dal neurotrasmettitore chiamato serotonina.

Contemporaneamente, mentre mangiamo, nell'apparato digerente vengono liberate diverse albumine (i peptidi), che mandano al cervello il segnale di terminare o almeno ridurre l'assunzione di cibo.

In effetti è un sistema molto ben funzionante. Il grande svantaggio è che devono passare 20 minuti prima che il cervello registri il senso di sazietà e lo trasmetta al corpo.

Il cervello impiega 20 minuti a realizzare che abbiamo mangiato abbastanza.

La maggior parte di noi, quando il cervello comincia a realizzare che abbiamo mangiato, è già uscita da un po' dal fast food.

Le catene di fast food sono quindi davvero un aiuto molto efficace per ingrassare: più velocemente mangiamo, più cibo ingeriamo, perché la sensazione di sazietà si presenta solo molto più tardi, dopo 20 minuti, appunto.

Mangiare non deve solo saziare il nostro stomaco ma soprattutto anche il nostro cervello.

Per riuscire a farlo abbiamo bisogno di mangiare in modo più lento.

Non a torto una volta si diceva di masticare almeno 20 volte ogni boccone. Ovviamente per facilitare soprattutto la digestione, per evitare che interi pezzi non masticati vagassero per lo stomaco e rimanessero lì come piombo.

In effetti oggi sappiamo che il cibo è più digeribile se mastichiamo più a lungo. I responsabili della digestione sono particolari enzimi presenti nella saliva che riescono a dividere il cibo molto meglio rispetto allo stomaco.

In questo modo digeriamo il cibo non solo molto più facilmente, ma abbiamo anche più energia a disposizione, perché il corpo non deve più impiegare tutta l'energia per la digestione.

Il grande vantaggio di masticare a lungo è di non riuscire a rimpinzare troppo lo stomaco. Il senso di sazietà che agisce dopo 20 minuti ce lo impedirà subito.

Quando anni fa ho avuto dei problemi con un molare, mi sono abituato a masticare il meno possibile. Durante quell'anno sono ingrassato di 7 chili. Senza aver cambiato nulla nel mio modo di mangiare.

Quando finalmente dopo un anno ho trovato un dentista che è riuscito a capire quale fosse il vero problema e l'ha risolto permettendomi di masticare da entrambi i lati con piacere, ho perso di nuovo quei 7 chili. Senza aver cambiato le mie abitudini alimentari. Allora non sapevo ancora che le cose erano collegate. Ora mi è molto più chiaro.

Masticare a lungo non è cosa da tutti. Alcuni lo trovano faticoso.

C'è un'ottima alternativa ancora più facile da mettere in atto: fare delle pause.

Se mentre mangiamo ci fermiamo, non possiamo ingerire più di tanto. Il senso di sazietà ci frenerà in modo del tutto naturale.

> *Fare delle pause è uno dei modi più semplici*
> *ed efficaci per dimagrire.*

Osservati mentre mangi. Come ti nutri? Ti ingozzi? Sei il primo o l'ultimo a tavola? Ti senti in obbligo di svuotare il piatto più in fretta possibile?

Ti comporti come se ti dovessero portar via il cibo?

> *Più mangiamo inconsapevolmente,*
> *più ingrassiamo.*

Molti studi hanno confermato questa relazione.

> *Quando mangiamo il cervello produce*
> *serotonina.*

La serotonina è conosciuta come l'ormone della felicità. Quando mangiamo, siamo felici.

Davvero stupendo.

Certo, ma...

Se mangiamo troppo in fretta, e soprattutto senza rendercene conto, non li notiamo affatto, questi ormoni della felicità. Li riceviamo comunque, ma non li percepiamo. Quindi mangiamo ancora, sempre più in fretta e con frenesia, finché finalmente non raggiungiamo questo tanto amato livello di serotonina. Ma finché mangiamo in modo inconscio, non percepiamo la nuova scarica.

Queste sensazioni di felicità ovviamente dopo non arrivano. Al contrario. Proprio perché abbiamo mangiato così tanto ora ci sentiamo male e in colpa.

E siccome ci sentiamo così male e così in colpa, rimane solo una cosa da fare. Mangiare. Per ricevere serotonina.

Molti di noi sono in questo circolo vizioso da tanti anni e si meravigliano se allo specchio non si piacciono più. Niente di più facile.

Appena ricominciamo a mangiare consapevolmente e a gustare le pietanze, sentiamo tutti gli ormoni della felicità che rilasciano il cervello, notiamo il grado di sazietà, smettiamo quando pian piano diventa troppo, e ci sentiamo soddisfatti e satolli.

Esercizio
- Qualsiasi cosa tu voglia mangiare, fallo piano e consapevolmente. Non potrò ma ripetertelo abbastanza.
- Prenditi tempo per mangiare.
- Abituati a fare sempre delle pause. Non importa quanto velocemente mangi.
- Appoggia spesso le posate.
- Mangia quanto vuoi. Ma dai al tuo cervello la possibilità di produrre la sensazione di sazietà.
- Se ci sono più portate, fai una lunga pausa tra l'una e l'altra.
- Mentre mangi non leggere libri o giornali.
- Non guardare la televisione.
- Assapora ogni boccone.
- Cerca di individuare il sapore degli ingredienti e delle spezie.
- Senti il piacere che ti offre il cibo.

Mangiare consapevolmente, con leggerezza

Ci sono diversi modi per rallentare piacevolmente l'assunzione di cibo e renderla consapevole. Mangiare, infatti, diverte e rende felici. Allora perché non dovremmo divertirci un po' mentre mangiamo?

- E se provassimo a scambiare coltello e forchetta?
- O a mangiare con la mano che non usiamo di solito?
- Da un lato ti regala un sorriso, dall'altro lascia del tempo al tuo cervello.
- Oppure mangia con le bacchette.
- Soprattutto mangia con le bacchette quelle cose che non sono da mangiare con le bacchette: popcorn, patatine, bastoncini salati, noci ecc.
- Imboccatevi a vicenda.

In questo modo da un lato non riusciremo a infilarci in bocca cinque, sei pezzi alla volta, dall'altro ci renderemo conto di cosa e di quanto stiamo mangiando.

Con gli occhi bendati

C'è un altro strabiliante tentativo che potremmo fare: mangiare con gli occhi bendati.

In questo modo non possiamo distrarci. Gli occhi bendati ci obbligano a una particolare concentrazione.

Poco tempo fa una trasmissione televisiva sulla salute ha portato a esempio uno studio effettuato in Francia e in Svizzera, secondo il quale le persone bendate mangiavano il 30 per cento in meno di quelle con gli occhi liberi. Perdendo momentaneamente uno dei sensi mangiavano in modo più consapevole e arrivavano molto più in fretta a provare sazietà.

Inoltre erano molto più precise nel descrivere cosa avevano mangiato.

Anche in questo caso è stato dimostrato che mangiando in modo più consapevole non solo sentiamo l'effetto della serotonina, ma notiamo anche più facilmente il grado di sazietà.

Inoltre, i partecipanti hanno dichiarato che gli è piaciuto molto di più.

Un altro gioco ci insegna un modo facile per mangiare consapevolmente.

- Proponi una piccola gara quando mangi con gli amici o cucini per loro.
- Chi individua il maggior numero di ingredienti?
- Ognuno scrive su un foglio ciò che ha riconosciuto.
- Chi individua più ingredienti vince.

Questo gioco è incredibilmente divertente e cambia la nostra percezione in modo spiritoso. Se lo proponi una volta, incontrerai tanti amici interessati a ripeterlo e che ricambieranno l'invito.

Mangiare è divertente. Soprattutto se lo facciamo in modo consapevole.

Se adotterai una di queste soluzioni ti sarà difficile ingrassare di nuovo.

Si instaurerà una nuova sensazione corporea.

Scoprirai la gioia di mangiare.

Il tuo corpo può tornare a dirti di quali sostanze ha bisogno.

Puoi finalmente fidarti del tuo appetito.

Diventerai più equilibrato. Gli ormoni della felicità ti porteranno a sentire in modo diverso il tuo corpo.

Caro Pierre,
tre settimane dopo il tuo seminario (semplicemente favoloso) nella mia vita stanno avvenendo alcuni cambiamenti davvero straordinari. Sono così profondi che ti posso solo dire grazie per avermi regalato la vita.
Cari saluti

                                            M.

Caro Pierre,
posso solo dire che funziona. E vorrei consigliarlo a tutti. Un trucco così piccolo per un risultato tanto grande.

                                       Doris

Affermazioni
- ✱ Sono grato per le pietanze e le bevande che nutrono in modo ottimale il mio corpo e le benedico.
- ✱ Mi piace preparare cibi gustosi e considero ogni boccone un dono.
- ✱ Mangiare è il piacere più puro. Per questo prolungo il mio piacere più che posso.
- ✱ Ho tutto il tempo del mondo per mangiare.
- ✱ Assaporo ogni cosa.
- ✱ Mastico con consapevolezza e con attenzione.
- ✱ Mangio con concentrazione.
- ✱ In ogni momento ho il pieno controllo delle mie necessità.

Soluzione 6

Osservati con gli occhi dell'amore

Il desiderio di essere belli

Nel capitolo della soluzione 3 ci siamo già occupati delle nostre convinzioni negative. Abbiamo seguito le tracce dei nostri modelli inconsci e abbiamo cominciato a trasformarli. Abbiamo quindi cambiato le nostre convinzioni dall'interno all'esterno.

Tuttavia possiamo anche seguire il percorso inverso: dall'esterno all'interno. Cambiamo il nostro modo di osservarci e cambieremo anche le nostre convinzioni.

Per la maggior parte di noi non è facile trovarsi belli. Al contrario, noi siamo i più grandi critici di noi stessi. Abbiamo sempre qualcosa da ridire. La cosa che critichiamo di più è il nostro corpo.

Quando siamo davanti allo specchio questo discorso diventa più evidente. È piuttosto spiacevole quando ci troviamo nudi davanti allo specchio. Non ci piace niente di quello che vediamo. E quell'immagine riflessa ci sembra solo un insulto. Brutalmente vediamo un corpo che non ci piace. Quindi, se non piace a noi, a chi potrebbe piacere?

Non crediamo nella nostra bellezza.

Abbiamo perso tutte le speranze e i desideri di gioventù e il nostro corpo rispecchia questa situazione.

Molti di noi cadono addirittura nello sconforto quando si osservano nudi allo specchio. È davvero il peggior giudizio che possiamo dare al nostro corpo. Perché ogni singola cellula registra questo rifiuto e si adegua.

In questo modo mandiamo un ordine preciso al corpo. Un ordine che ha un forte effetto.

Quando rifiutiamo noi stessi anche gli altri lo fanno.

Cambia il modo di vederti!

Potremmo aspirare sempre alla bellezza, ma alla fine sono solo le nostre convinzioni a prevalere. Lo pensiamo sempre, giorno dopo giorno, notte dopo notte. E visto che ogni pensiero mira a realizzarsi, che ci piaccia o meno, dobbiamo cambiare il modo di vederci per far coincidere i pensieri inconsci con quelli consci.

C'è un modo molto efficace per cambiare in brevissimo tempo l'intera concezione del proprio corpo.

Nel mio manuale *Il libro dei desideri* ho già parlato di come si può cambiare in breve tempo la propria forza di attrazione. Eppure in tanti mi chiedono ancora di spiegare meglio "l'esercizio davanti allo specchio", tanto semplice quanto efficace. E io soddisfo volentieri questa richiesta.

Prima, però, vorrei riportarvi l'esperienza di una donna che con questo esercizio ha cambiato la sua vita.

Come trasformarsi da brutto anatroccolo in donna desiderabile
Una sera, dopo uno dei miei seminari, una donna molto attraente e ben vestita è venuta da me e mi ha raccontato di aver fatto l'esercizio davanti allo specchio tutte le sere per un certo numero di settimane. All'inizio lo trovava ridicolo e non credeva alle sue stesse parole. Ma già dopo pochi giorni qualcosa aveva cominciato a cambiare. Non a livello fisico, ma a livello della ragione. All'inizio la ragione trovava ridicole le sue paro-

le, ma poi ha cominciato a crederci. Meno di tre settimane dopo le hanno detto che il suo aspetto era cambiato. Anche se lei non credeva veramente che il suo corpo fosse cambiato, gli altri sì. La cosa stupefacente era che non le hanno fatto questa osservazione solo una volta, ma più volte. Amici, conoscenti, sua mamma e i colleghi di lavoro improvvisamente vedevano in lei qualcosa di diverso, di nuovo.

Ed era ancora più strano per lei che per così tanti anni non era mai stata nemmeno guardata. Tutte le sue amiche avevano già un compagno o erano addirittura sposate, solo lei era rimasta single. Per lei era normalissimo così, dopotutto nemmeno lei si trovava bella. Si vedeva come un brutto anatroccolo e questa opinione le veniva continuamente confermata anche dagli altri. È stata single per molti anni, una single convinta, come ripeteva spesso. Si era semplicemente adeguata, diceva con un po' di tristezza nella voce.

Poi ha cominciato a fare l'esercizio dello specchio e tutto è cambiato.

Da un anno è felicemente innamorata e presto si sposerà. Per lei questo sviluppo del suo corpo e il cambiamento dell'energia trasmessa sono un miracolo. Soprattutto perché ha riscoperto una sensualità che finora era rimasta nascosta. All'improvviso si è vista sexy e bella. In qualche modo ha pensato che la vita per lei fosse cominciata solo in quel momento.

E poi mi ha detto, ammiccando, che questo esercizio è anche una guida per un sesso migliore.

Con l'esercizio davanti allo specchio il corpo cambia perché a cambiare è la nostra stessa idea del nostro corpo. Cominciamo ad accettarlo e amarlo.

Trattiamo bene ciò che amiamo.

Allora cominciamo a trattare meglio il nostro corpo. A volte succede senza che ce ne accorgiamo. Quasi impercettibilmente iniziamo a fare molta più attenzione al nostro corpo e gli regaliamo le cose di cui ha bisogno: movimento e una sana alimentazione. Amore e affetto. Forse ci sorprenderemo persino di come facciamo stretching o pratichiamo sport. Non lo facciamo perché dobbiamo ma perché ci piace.

Esercizio di bellezza:
la meditazione allo specchio

Quello di cui hai bisogno per questo esercizio è la calma, un po' di tempo e un grande specchio. Forse anche un po' di coraggio.

Per questo scegli un momento in cui niente e nulla ti possa disturbare e in cui non temi che qualcuno possa piombare inaspettatamente e sorprenderti.

Stacca anche il telefono. E se possibile stacca anche la segreteria telefonica.

Se non riesci a stare in casa da solo, allora cerca una stanza dove potrai stare indisturbato per un po'. Magari chiudi la porta a chiave.

Sarebbe perfetta una luce piacevole e delicata, magari anche delle candele, e ovviamente la cosa principale: uno specchio molto grande. Meglio se alto come te. Per quello che abbiamo in mente dovresti avere un ambiente caldo, quindi alza tranquillamente un po' il riscaldamento.

Puoi mettere della musica se vuoi. Forse ti sentirai un po' più rilassato. A ogni modo prenditi del tempo e cerca di non fare nulla di fretta.

A questo punto, trova una posizione che ti piace, rimanendo sempre dentro la cornice dello specchio. Forse vorrai sederti, su una sedia o sul pavimento.

Quando hai trovato un posto, rilassati e diventa sempre più tranquillo.

Espira un paio di volte fino a quando sei sicuro di avere allontanato la fretta e la frenesia della giornata.

Poi fai qualcosa che forse non fai spesso: occupati solo di te stesso.

Osservati, calmo e rilassato. Magari rivolgendoti un sorriso. Magari con una ruga sulla fronte. Forse sei un po' nervoso perché non ti succede spesso di guardarti consapevolmente allo specchio.

Osserva e basta: lascia che i pensieri ti passino accanto. Qualsiasi pensiero. Prenditi tutto il tempo del mondo. Alla fine nessuno ti sta guardando, solo tu.

Quando senti di aver lentamente raggiunto la pace interiore, e quando riesci a guardarti con serenità e gioia, allora passiamo alla vera parte importante di questo esercizio.

Comincia a spogliarti lentamente. Indumento per indumento. Fallo delicatamente e con consapevolezza. Come quando si sveste una persona con cui si è in grande intimità. Prenditi molto tempo.

Come un fiore che si apre, petalo dopo petalo,
ti sveli a poco a poco nella tua immagine riflessa.

Osservati con tutta calma. Il tuo corpo. Il tuo viso, i tuoi capelli, le tue mani, i tuoi piedi. Il colore della tua pelle.

Come ti vedi? Riesci a osservarti con amore o cominci automaticamente a giudicarti? Quali sensazioni provi?

Quando ci si spoglia, le emozioni hanno un ruolo importante. Possiamo scoprire molti lati di noi stessi. Tristezza, paura, orgoglio, rabbia, rifiuto, curiosità, voglia, forse anche frivolezza. E, naturalmente, vergogna. Perché quando ci osserviamo nudi entriamo in contatto con la nostra sconfitta. A volte ci vergogniamo di essere diversi, di non stare al passo con quello che desideriamo. Ci vergogniamo di quel corpo che forse non riusciamo più a considerare abbastanza slanciato o sodo. Il seno troppo piccolo, troppo grande, la pancia troppo grassa, i fianchi troppo larghi o stretti, il sedere troppo pieno o troppo piatto. C'è sempre qualcosa che ci fa provare vergogna.

Poco importa quanto successo abbiamo sul lavoro o quanto siamo apprezzati dai nostri amici, se siamo assi dello sport o incredibilmente ricchi, quando siamo nudi temiamo di non essere amati e di essere rifiutati.

Per prendere confidenza col corpo nudo, senza giudicarsi, ci vuole anche molta pazienza e cautela.

Spesso si prova rabbia o tristezza per quello che abbiamo o non abbiamo vissuto.

L'esperienza peggiore è quella dei desideri non realizzati.

Forse riaffiorerà anche la malinconia per tutti gli anni persi. Forse ritorneranno anche i ricordi che hai seppellito e a cui non pensavi più.

Accetta questi sentimenti, sono una parte di te.

Forse ti tornano in mente anche parole o frasi che ti hanno detto. O frasi sul tuo corpo. Ferite emotive che ti sono state inferte. Cicatrici dell'anima non ancora guarite. Esperienze che rimuovi in continuazione.

Più ti osservi con calma allo specchio, più cose ti succederanno.

Normalmente lo sguardo scivola solo velocemente sul nostro corpo nudo, dopo la doccia. Ma ora gli prestiamo tutta la nostra attenzione. E questo cambia il nostro modo di osservare. Riacquistiamo consapevolezza del nostro corpo.

Scruta con calma anche i punti che rifiuti. Probabilmente ci sono delle parti che non riesci a sopportare. Osservale e cerca di capire perché il tuo corpo le ha sviluppate. Probabilmente il tuo corpo è diventato così grasso per farti rielaborare determinate esperienze tramite l'assunzione eccessiva di cibo. Il corpo ti ha aiutato a smaltirle.

Pieno di amore ha immagazzinato tutti gli alimenti che per lui erano davvero eccessivi. L'ha fatto senza lamentarsi. Cerca di non incolparlo, ma di essergli grato per questo.

Forse non ti piace la tua faccia. O un'altra parte del corpo. Allora pensa alle esperienze che puoi vivere solo perché sei così e che non vivresti se fossi diverso. Comincia a capire che il tuo corpo è sempre stato dalla tua parte. Sin dalla nascita. Dal primo vagito. C'è sempre stato per te.

E tu, quante volte ci sei stato per lui?

Per quanti anni il tuo corpo ti ha prestato un buon servizio? E quand'è che ti sei ritagliato del tempo per dimostrargli davvero la tua gratitudine?

Forse vorresti prenderti un po' di tempo per ringraziare il tuo corpo, perché respira, assume e utilizza il nutrimento ed elimina le sostanze nocive.

Ringrazia il tuo corpo per tutto il lavoro svolto. Ogni giorno, ogni minuto è lì per te. Non rinuncia mai. Non importa quanto lo bistratti o disprezzi.

> *Il nostro corpo è fantastico.*
> *Senza di lui non potremmo vivere tutte quelle*
> *cose favolose.*

Regala al tuo corpo la tua completa attenzione per il suo instancabile lavoro. Senti la gratitudine che gli dimostri. Entra consapevolmente in questa sensazione.

Osserva il tuo corpo e sii felice per tutto quello che ti permette di fare. Grazie al tuo corpo puoi camminare, correre, nuotare, parlare, vedere, amare, ridere, lavorare…

Puoi anche fare l'inverso e immaginare ciò che non potresti fare se delle parti del tuo corpo fossero malate e si rifiutassero di svolgere il loro compito.

A cosa non potresti mai rinunciare?

Sicuramente ti vengono in mente migliaia di cose.

Fa' che diventi un'abitudine ringraziare il tuo corpo per tutte le possibilità che ti offre.

Quando cominciamo a ringraziare, proviamo amore per il nostro corpo.

Senti questo amore consciamente. Prenditi del tempo. L'amore è l'energia più forte che possiamo regalare al corpo. Questo esercizio va più in profondità di quanto pensi. Cambia tutto dentro di te.

Impara a riconoscere quanto puoi essere bello.

Dopo esserci osservati con tutta calma, diamo una direzione ai nostri pensieri. Osserviamoci con occhi gentili.

Se sorridi, questo sguardo viene naturale.

Guardati e sorridi. Non puoi sorridere e allo stesso tempo avere pensieri negativi.

Sorridere elimina ogni dubbio.

Come va? Sei agitato? Curioso? Impaziente? Hai ottenuto scarsi risultati? Hai fretta?

Se senti di voler passare oltre, concediti solo un po' di tempo.

Anche la fretta è un modo per fuggire.

Siamo abituati a fare le cose di fretta. Nella nostra vita non c'è nulla che vada abbastanza velocemente. In questo modo spesso tralasciamo le cose più importanti.
Ma questa volta prendiamoci tempo.
Chiunque vorrebbe essere visto. Mostrarsi nudi è la forma più intensa e intima dell'essere visti.
Osservati quindi con calma in tutta la tua impudica bellezza.
Presta attenzione al tuo respiro e a come il tuo torace si alza e si abbassa. Sapevi che il tuo corpo svolge questa azione 12.000 volte al giorno? E lo fa senza farsi pagare.
Guarda la pelle, le articolazioni. Senti il calore e l'intimità dello sguardo.
Quando senti di aver rinforzato abbastanza il tuo corpo con l'energia dell'amore, sposta la tua concentrazione su quello che ti piace. Potrebbero essere i capelli, la bocca, le spalle, un dito, l'alluce, il seno o il sedere. Forse è la curva della nuca, forse le cosce o il tuo sesso. Forse è "solo" il tuo ombelico. C'è di sicuro qualcosa che ti piace.
E mentre osservi, sorridi.

Quando sorridi, anche l'anima sorride.

Quando ridi riporti la leggerezza nella tua vita. Tutto ciò che è leggero comincia a scorrere. Tutto ciò che scorre si lega al flusso della vita. Senti come dentro di te si manifesta la tua vera bellezza.
Te ne eri solo allontanato. Con tutti i giudizi che ti davi ogni giorno, ti sei separato dalla tua vera bellezza.

Concentra tutta l'attenzione su quello che ti piace di te e ripeti le seguenti frasi, se riesci a sentirle. Se non riesci, allora pensale e basta e immagina come potrebbero farti sentire:

- *Sono aperto e pronto ad accettare che il mio desiderio di bellezza si manifesti.*
- *Ora posso sentire i miracoli della vita anche nella mia.*
- *So che i pensieri negativi non mi appartengono e che giorno dopo giorno diventano sempre più deboli.*
- *Amo il mio corpo e lo osservo con stupore.*
- *È un mio diritto essere così.*
- *Sono grato per la mia bellezza e la mia salute.*

Datti tempo. Puoi pensare o dire le frasi quante volte vuoi. Senti come il tuo corpo assorbe ogni respiro e lo trasforma in energia ottimista.

Guardati da diverse prospettive.

Dopo un po' il sentimento d'amore per il tuo corpo crescerà dentro di te perché cambierà il tuo modo di guardarlo.

Forse hai ricominciato ad accogliere nella tua vita gli apprezzamenti sul tuo corpo. Come dev'essere bello per il tuo corpo tornare a essere amato da te. L'amore cura tutte le ferite. L'amore lega. L'amore fa nascere la vera bellezza. Forse ti piacerebbe trasmettere questa energia al corpo.

Allora osserva i punti del tuo corpo, per esempio una mano, e di': «Amo la mia mano.» Poi passa al gomito e di': «Amo il mio gomito… amo le mie spalle… amo il mio collo.»

Osserva ogni punto della tua faccia e di': «Amo i miei capelli. Amo la mia fronte. Amo i miei occhi.» Fallo per ogni punto del corpo a cui vuoi mandare questa energia.

Comincia ad accettare il tuo corpo. Riconciliati con lui. È il tuo corpo. L'hai ferito, trascurato, gli hai procurato cicatrici. Quante volte l'hai maledetto? Torturato? Gli hai fatto fare cose che non voleva e che non gli facevano bene? Ora è tempo di cambiare.

Guardati con il sentimento positivo che riesci a esprimere ora. Forse con gratitudine e benevolenza o con amore e ammirazione. Forse ti ritieni persino sensuale e riesci a goderne.

È possibile che riesci a sentire come il tuo corpo comincia a cambiare sotto il tuo sguardo gentile.

> *Lascia che l'inconscio porti il corpo a essere semplicemente te stesso.*

Senti come le diverse energie cominciano a cambiare e a modificarsi. Cariche, si mettono in moto. Senti che bella emozione.

In ogni corpo regna la bellezza. In ogni muscolo la voglia di rilassarsi. In ogni cellula il desiderio di equilibrio. Ora, ogni respiro riempie il corpo con il tuo nuovo modo di contemplare le cose. Adesso puoi permetterti di lasciar entrare la vera bellezza.

A un certo punto il corpo comincia a ricevere una nuova informazione: «Io sono bello.»

Adesso capisci il detto: «La vera bellezza è dentro di noi.» Ora puoi plasmare la bellezza. I tuoi pensieri su di te hanno effetti sul tuo corpo. Senti la forza e l'energia che si sviluppa grazie alla bellezza interiore. Rivolgi la tua attenzione a questa potenza. Senti come tutte le molecole prendono forma secondo i tuoi pensieri. Il tuo corpo salva tutte le informazioni che gli fornisci. Tutte le volte che vuoi di' o pensa: «Sono bello e desiderabile.»

> *Con questa nuova percezione mettiamo
> in collegamento il nostro corpo con il mondo
> della bellezza.*

Quando l'hai fatto, espira e inspira profondamente un paio di volte, spostati cautamente e congedati dalla tua immagine riflessa.

Rivestiti con tutta calma, o, se sei solo nell'appartamento, rimani nudo e goditi la nuova consapevolezza corporea.

Qualsiasi cosa fai, rimani in contatto con ciò che ti tocca profondamente.

Se per qualche sera ripetiamo questo esercizio, se per un po' di tempo trattiamo con riguardo il nostro corpo, scopriremo sempre più punti che ci piacciono. Ogni giorno che passa ci accetteremo sempre di più.

Il nostro corpo è bello e meraviglioso.

Svolge molte funzioni e ora che gli offriamo la nostra attenzione e il nostro riconoscimento diventerà ogni giorno più bello.

Cominciamo a vedere la sua bellezza interiore.

La bellezza interiore richiama a sua volta quella esteriore. L'abbondanza richiama sempre altra abbondanza nella nostra vita.

In questo modo il nostro corpo diventerà davvero più bello.

Se da ora in poi gli trasmettiamo convinti il nostro messaggio, «Sono bello», la resistenza che opponevamo sarà già molto diminuita.

E, giorno dopo giorno, davanti allo specchio si ridurrà sempre di più fino a sparire del tutto. E il desiderio alla fine si potrà avverare.

Esercizio
- Mettiti rilassato davanti allo specchio.
- Comincia a spogliarti.

- Ringrazia il corpo per il lavoro che svolge per te.
- Rivolgi la tua attenzione alle parti del corpo che ti piacciono.
- Manda loro il tuo amore.
- Collegati a questa bellezza.
- Trattieni l'immagine della tua bellezza nella mente.

Ammetto la mia bellezza.

Le nostre convinzioni saldamente ancorate possono sviluppare una forza tanto potente da trasformare un corpo bellissimo nel suo esatto opposto.

La cosa bella è che possiamo anche ribaltare in positivo questo processo. E molto più velocemente di quanto molti di noi potrebbero pensare.

Come dimostra l'esempio del prossimo aneddoto, molto significativo perché ci mostra la chiave più importante per la nostra bellezza.

La donna che aveva paura della propria bellezza
Durante uno dei miei seminari una donna mi ha raccontato di sentirsi così poco attraente da non credere a una sola parola di ciò che diceva il suo partner quando aveva cominciato a interessarsi a lei.

Anche se lui le dimostrava sempre il suo amore, lei dubitava della verità delle sue parole.

Anche quando si erano già messi insieme non credeva a quello che diceva. Lei era persino ingrassata notevolmente per allontanarlo e per provargli che si sbagliava.

Ma lui era rimasto. Non pensava affatto di lasciarla. Lei è ingrassata ancora di più, si descriveva come una botte. Nel giro di due anni aveva messo su 28 chili. A chi potrebbe piacere una cosa del genere?

Ma lui la voleva. Non gli importava quello che lei faceva al suo corpo. Lui l'amava. Rimaneva con lei e le faceva apprezzamenti come prima. Anche se lei era, come lei stessa ha raccontato, una grassa, odiosa polpetta. La bellezza del tutto scomparsa. Sua madre la chiamava «balenottera» ma lui... le ha chiesto di sposarlo!
Per lei era inconcepibile. Sin dall'infanzia si era abituata a sentirsi dire quanto fosse stupida, infantile e poco attraente. Ad avere il disprezzo di suo padre. E tutte queste verità si erano scolpite nel suo sistema cellulare. Tanto da non lasciare spazio alle altre.
Per superare queste apparenti incapacità, sin da adolescente aveva sviluppato un corpo da sogno, che curava molto. Era molto attraente. Ma a cosa serviva tutto ciò? Lei sentiva comunque di non valere niente. Non per il suo aspetto, ma per la sua interiorità.
Data la sua bellezza, da giovane aveva svolto diversi lavori come modella e naturalmente aveva avuto diversi ammiratori. Un obiettivo che molti di noi desiderano raggiungere.
Eppure proprio da quello dipendevano le sue più grandi preoccupazioni.
Come faceva a capire che un uomo la voleva davvero e non solo per il suo aspetto? E cosa sarebbe successo se qualcuno avesse scoperto quanto in realtà fosse stupida, ingenua e impossibile?
Non riusciva a lasciarsi andare e a credere alle rassicurazioni dei suoi fidanzati. Così troncava una storia dopo l'altra. Sapeva benissimo che era colpa sua se non riusciva a credere alle promesse d'amore e se a un certo punto qualsiasi uomo la lasciava. Era quindi molto bella, ma anche molto sola.
In questo modo non aveva mai provato l'amore. Dentro di lei

non amava. Né se stessa né gli altri. Le piaceva il suo corpo e pensava che anche gli altri potessero amare soltanto quello e non il suo vero essere.

Quando poi arrivò qualcuno che sembrò entrare in profondo contatto col suo essere, le sembrò talmente inconcepibile che smise di simulare la propria bellezza.

Solo quando quell'uomo ha continuato a restare con lei nonostante quel corpo bellissimo non ci fosse più, lei ha aperto il suo cuore al miracolo dell'amore.

Pur con un corpo fantastico, lei tornava alla sua verità interiore: «Non sono attraente.» La frase di suo padre la controllava ancora. Anche 15 anni dopo.

Solo quando ha capito che la sua convinzione non era per niente vera ma solo l'opinione di suo padre e che un uomo la voleva, il suo corpo si è trasformato in bellezza.

> *Solo quando ha cominciato ad accettarsi veramente è riuscita anche ad accettare l'amore degli altri.*

Oggi è di nuovo magra e ha raggiunto il suo peso ideale. Ma ha anche qualcosa che prima non aveva: occhi che risplendono di felicità. Prima questa donna si osservava spesso allo specchio. Però non si vedeva veramente, vedeva solo il suo corpo, considerato solo come un capitale.

Oggi vede se stessa. Oggi vede quanto è diventata meravigliosa.

Quando le ho chiesto come avesse fatto a dimagrire, mi ha detto solo di aver cominciato a considerarsi in modo diverso. All'improvviso quello che vedeva allo specchio le piaceva. Anche se il suo corpo aveva perso tutta la bellezza, lei si piaceva. Si guardava con gli occhi di lui, con gli occhi dell'amore.

Quando ha riletto il mio esercizio dello specchio, si è rivista completamente.

> *Osservarsi con gli occhi dell'amore*
> *è una delle soluzioni per ottenere un corpo*
> *splendido.*

Affermazioni
- ★ Sono bello. E ogni giorno lo sono sempre di più.
- ★ Sono unico e bello.
- ★ Sono in sintonia con la bellezza.
- ★ Mi guardo con gli occhi della gioia.
- ★ Mi amo in ogni istante per quello che sono.
- ★ Amo come si esprime il mio corpo.
- ★ Amo la mia femminilità/virilità.
- ★ Sono desiderabile.
- ★ Con il mio corpo sono in contatto con l'amore.
- ★ Lascio che la mia bellezza interiore entri in contatto con quella esteriore.

Soluzione 7

Parla con il tuo corpo solo in modo positivo

Comunicare col corpo

Come già sappiamo, la maggior parte di noi non è abituata a essere gentile con se stessa. Di noi stessi diciamo cose che agli altri non permetteremmo mai di dire. Per noi troviamo i peggiori insulti e li pronunciamo nella nostra mente o, non di rado, anche ad alta voce.

Proprio questi sono i desideri quotidiani e continui che hanno effetto su di noi poiché diventano convinzioni.

Ricordiamo: se continuiamo ad avere pensieri negativi su di noi, le aree responsabili del cervello si riorganizzeranno e manderanno altri ormoni e neurotrasmettitori al corpo (quelli che ne determinano la forma) secondo il modello del nostro pensiero.

Mi chiedono sempre come si può cambiare questo fastidioso dialogo interiore. In realtà è molto semplice:

Riconoscere – terminare – sostituire.

1. Riconosci quello che dici di te
- Concentrati su tutte quelle osservazioni che ogni giorno ti rivolgi.
- Segna in un libretto ogni pensiero e ogni osservazione su te stesso.

Anche tutto quello che includiamo come scherzo o sarcasmo ha un certo impatto. La ragione non può astrarre. Non conosce la differenza tra lo scherzo e la serietà.

Se scherzi la ragione pensa che hai trovato un modo elegante per convivere con tutti i tuoi apparenti difetti. Prima che qualcun altro possa rimproverartelo, lo fai tu sotto forma di scherzo. In questo modo la tua convinzione è chiara alla ragione.

> *Ciò che vediamo allo specchio è solo il risultato della nostra idea di noi.*

2. *Smettila di dire sempre così tante cattiverie*
- Ogni volta che diventi consapevole di un pensiero autodistruttivo abbandonalo subito, non conferirgli altra forza.
- Anche se pensi che questo giudizio sprezzante sia la verità, non dargli seguito.
- Appena scopri di avere un pensiero di questo genere, interrompilo subito. Sorridi invece soddisfatto e sii felice di come ti comporti in maniera consapevole con te stesso. Solo una cosa non devi fare assolutamente: arrabbiarti con te stesso!

Per porre fine alle frasi negative, da ora in poi pronuncia le seguenti affermazioni:

- Ogni volta che esprimo o penso qualcosa di negativo su di me, me ne rendo conto e capisco che sono solo pensieri.
- Questi pensieri appartengono al passato. Hanno determinato la mia vita in passato.
- Da questo momento la mia vita cambia perché da ora cambio l'idea che ho di me.

- La mia verità è l'unica che conta per me.
- La mia vita si sviluppa secondo questa verità.

La ragione impara incredibilmente in fretta.

Presto comincerai a sorridere non appena nasce o si forma nella tua bocca una di queste frasi negative e non farai più pensieri del genere. Ti sembreranno bizzarri ed estranei e non vorrai più pronunciarli. E perché? Ora ti sei reso conto di quanto sia stupido pensare male di te e *plasmare* il tuo corpo in questa direzione.

3. Parla con il corpo solo in modo positivo e ad alta voce

Nella parte finale del processo possiamo trasformare lo strumento dell'autosuggestione negativa utilizzato finora e farlo diventare positivo. Ossia continuiamo a parlare col nostro corpo ma ora lo facciamo in modo armonioso e piacevole.

Ma soprattutto lo facciamo ad alta voce.

La parola pronunciata è più potente
di un pensiero silenzioso.

Innumerevoli ricerche hanno dimostrato che il corpo registra la vibrazione della voce e si regola di conseguenza.

Le cellule *sentono* il suono e la frequenza della nostra voce.

Per questo in molte religioni orientali si cantano i mantra. La tradizione orientale conosce da tempo il loro effetto vitale sul corpo umano.

Ora questo sapere si sta diffondendo anche da noi e viene confermato sempre di più anche scientificamente.

Cantare ad alta voce è essenziale per il nostro corpo, il nostro benessere e la nostra bellezza.

Quindi possiamo dire piano nella nostra mente tutte le frasi positive che indirizziamo al nostro corpo, ma è ancora meglio se lo facciamo ad alta voce.

In quale direzione deve cambiare e svilupparsi il tuo corpo? Fai conoscere i tuoi desideri al corpo. Potrà svilupparsi secondo i tuoi pensieri e le tue parole.

Esercizio
- Regala a te e al tuo corpo le affermazioni che desideri e pronunciale ad alta voce.
- Parla al tuo corpo in modo gentile e premuroso come faresti col tuo migliore amico o con una persona al primo appuntamento.
- Parla col tuo corpo nello stesso modo in cui parli con una persona che ami e non vorresti perdere.
- Se ti capita di nuovo di non piacerti, puoi sostituire i pensieri negativi con un'affermazione.
- Per esempio, appena pensi "Sono grasso" di' ad alta voce: «Sono pieno di leggerezza.»
- In questo modo occupi la tua mente col desiderio verso cui vorresti indirizzare la tua vita.
- E se ne hai voglia, prosegui con questi pensieri. Descrivi quanto sei bello, meraviglioso e grato.
- Parla con te stesso quanto più ti è possibile. Tra te e te o ad alta voce.
- Soprattutto prima di andare a dormire e la mattina al risveglio. Ma anche in metropolitana o in ascensore, quando sei in coda o durante la pausa pubblicitaria mentre guardi la televisione.

La ragione e l'inconscio cominciano subito a dare fiducia alle nostre autosuggestioni e si sviluppano seguendo la direzione desiderata.

Affermazioni
- ★ Sono in comunicazione amorevole col mio corpo.
- ★ Amo il mio corpo e lo guardo con ammirazione.
- ★ Sono in armonia con il mio corpo.
- ★ Tutto quello che penso e dico su di me e sul mio corpo è positivo.
- ★ Da adesso penserò a me e al mio corpo con amore.
- ★ Il mio corpo è meraviglioso.
- ★ Sono pieno di forza e in salute.
- ★ Sono magro.
- ★ Mi piaccio.
- ★ Ho un corpo magnifico.
- ★ Sono sano e il mio corpo lo dimostra.
- ★ Sono bello e attraente.
- ★ Sono pronto e aperto a realizzare il mio desiderio di bellezza.

Puoi anche trattare il tuo corpo come una persona che ti piace da impazzire:
- Che bello che sei!
- Grazie del tuo sostegno.
- Mi piaci molto.
- Hai un aspetto magnifico.

La cosa più importante è che parli col tuo corpo.
Come ha fatto Yvonne.

Ciao Pierre,
il sovrappeso è un "accumulo" di convinzioni sbagliate. È geniale. Da quando lo so, dimagrire è solo un effetto secondario.
Per quasi 20 anni ho provato di tutto.
La dieta delle uova, della zuppa, dissociata, del gruppo sanguigno, senza grassi, senza

carboidrati, eccetera. Sempre con lo stesso risultato: dopo mesi di mortificazioni, pesavo sempre lo stesso.
Grazie all'analisi della costellazione familiare ho scoperto quello che avevo ereditato da mia madre... Tra le cose c'era anche il peso... TOMBOLA, già... è stato stupefacente. Nel giro di un anno ho perso più di 10 chili. Senza diete, solo perché la mia alimentazione si era normalizzata. Nel frattempo ero passata da 85 a 74 chili.
Ma l'obiettivo che mi ero prefissata erano i 65 chili.
In realtà avevo già raggiunto un primo traguardo dopo aver letto *La legge dell'amore*, in primavera.
Ah, pensavo, perché non parlo col mio metabolismo e non lo prego di aiutarmi a raggiungere i 65 chili? Allora ho fatto comunella col metabolismo e ho iniziato a comunicare con lui.
Oggi lo so: dimagrire ha ben poco a che vedere col mangiare. Il sovrappeso, come qualsiasi altra malattia, è un segno che sei troppo lontano da te e dalle necessità del tuo corpo.
Ho vissuto un miracolo in più.
Tanti saluti dalla Svizzera,

Yvonne

Le frasi che ti riescono più difficili sono le frasi chiave

Non sempre ci sarà facile pronunciare frasi positive su di noi. A volte è molto più facile pensarle e basta.

Soprattutto quando non siamo proprio *convinti* che corrispondano alla realtà.

Cosa succede se dubitiamo che il nostro desiderio si possa realizzare e contemporaneamente costruiamo un corpo grasso e senza forma con le nostre convinzioni inconsce? Alla fine anche queste immagini non sono nient'altro che un processo creativo. Quindi noi creiamo e manifestiamo questa realtà.

«Se così tante convinzioni sono inconsce» dirai, «allora non ne siamo a conoscenza. Quindi non possiamo nemmeno condizionarle.»

È vero solo in parte.

Alla fine non dobbiamo sapere tutto. È molto più importante lavorare sulle convinzioni consce, poiché queste influenzeranno inevitabilmente anche quelle inconsce.

Pronunciando determinate affermazioni, dal nostro linguaggio corporeo riconosciamo subito se ci crediamo o meno.

Per questo durante i miei seminari faccio dire ai partecipanti diverse frasi stabilite. Davanti a chi le pronuncia siede un altro partecipante che ha il ruolo di osservatore neutrale e deve giudicare se può fidarsi delle frasi del suo compagno.

Il suo compito è di fare attenzione se chi pronuncia quelle frasi sembra insicuro, si muove agitato, si scansa, se gli brillano gli occhi, se non può sostenere lo sguardo o se cerca solo di convincere l'altro. L'osservatore dà quindi un'opinione su come gli sono sembrate le singole frasi.

Per molti questo esercizio è più difficile di quanto si

possa ammettere in un primo momento. All'inizio molti pensano: sono solo delle frasi, cosa c'è di così difficile. In fondo diciamo migliaia di frasi ogni giorno.

Sì, ma non quelle che corrispondono ai desideri più profondi. Non è per niente facile dire con convinzione determinate cose su se stessi, quando in cuor nostro sappiamo di non esserne davvero sicuri.

In tutti i miei seminari queste due frasi sono sempre state le più difficili per i partecipanti: «Sono attraente» e «Sono sexy.»

Quando propongo queste due frasi succede sempre la stessa cosa. Dapprima tutti scoppiano a ridere. La risata è un'ottima opportunità per tenere le cose a distanza. Perché se ridiamo di qualcosa non abbiamo bisogno di prenderla sul serio.

«Sono attraente» non è facile da dire.

«Sono sexy» è ancora un gradino più in su.

A questo punto si scatena sempre una grande ilarità. Ma è proprio in questo enunciato che si nasconde il nostro più grande desiderio.

«Sono sexy» significa «Sono bello, fantastico, desiderabile, aggraziato, mi piaccio, e mi fa piacere guardarmi…»

Ma soprattutto questa frase vuol dire «Sono degno d'amore.» E chi è degno d'amore è anche sufficientemente degno di ricevere tutti i doni dell'universo: un partner amorevole, armonia, protezione, dolcezza, premura, affetto, riconoscimento, attenzione, amore e sguardi pieni di meraviglia.

«Sono sexy» è un'affermazione che preferiamo allontanare da noi. Pensiamo che solo gli altri siano sexy. Le modelle sui manifesti, le presentatrici della televisione, gli attori e le attrici.

> *In questo modo allontaniamo sempre di più*
> *da noi l'idea che il nostro corpo sia fantastico*
> *e sexy.*

Eppure ci piacerebbe che lo fosse.

Per cambiare le nostre convinzioni è molto utile offrire alle nostre immagini e ai nostri desideri un'esperienza corporea. Questo funziona molto bene col gioco delle convinzioni di cui vi ho appena parlato, che possiamo svolgere anche da soli a casa davanti a uno specchio.

Diciamo allo specchio queste profonde convinzioni. In questo modo notiamo subito di quali affermazioni dette dalla nostra immagine riflessa possiamo fidarci e di quali no.

Dapprima il gioco delle convinzioni è solo un inventario.

Riconosciamo quasi subito dal nostro corpo, dal nostro atteggiamento, dalla nostra mimica o dalla nostra voce quali affermazioni sono difficili e di quali non siamo convinti.

Questa introspezione è molto importante.

> *Perché in questo modo conosciamo le vere*
> *convinzioni inconsce che ostacolano il nostro*
> *cammino verso il corpo ideale.*

Ora sappiamo come ci comportiamo con noi stessi e quali energie continuiamo a mandare al nostro corpo.

Se vogliamo cambiare tutto questo, dobbiamo solo prendere in mano le convinzioni fastidiose, e non più così inconsce, e trasformarle.

Il seguente esercizio è un piccolo *acceleratore* sulla strada che ci conduce al corpo dei nostri sogni. Durante i miei seminari faccio sempre volentieri questo esercizio e molte cose cambiano.

> Caro Pierre,
> a maggio sono stata al tuo seminario a Monaco. Lì ci hai fatto dire delle frasi, sai già quali – sono sexy e degna d'amore – e gli altri dovevano dire se nel pronunciarle eravamo credibili. Abbiamo riso molto. Ma ho provato queste frasi davanti allo specchio come avevi detto. Come posso spiegarlo? Dopo nemmeno una settimana erano gli altri a dirmele. Non è fantastico?! Funziona. Grazie, grazie.
>
> Melanie

Esercizio
- Mettiti davanti allo specchio e ripeti «Sono sexy», ad alta voce.
- Di sicuro all'inizio lo troverai divertente. O imbarazzante. O poco credibile.
- A ogni modo capirai subito se puoi fidarti della tua immagine riflessa oppure no. Non sorprenderti se all'inizio non riesci a credere a una sola parola.

Non c'è da meravigliarsi. Se avessimo già queste convinzioni, sarebbero già evidenti sul nostro corpo da tempo.

"Sono sexy e degno d'amore" è quindi il nostro scopo. Per raggiungerlo, l'esercizio dello specchio è una specie di treno espresso. Tanto più lo svolgeremo in modo giocoso, quanto più sarà efficace.

Prova anche con altre frasi.

- Fai attenzione che la tua voce suoni davvero piacevole e dolce.
- Il corpo registra le vibrazioni della voce.

Se ripeti spesso questo esercizio davanti allo specchio – prima di andare a dormire, la mattina quando ti svegli, mentre ti lavi i denti o quando vedi la tua immagine in una vetrina – molto presto comincerai a percepire un cambiamento dentro di te.

- Davanti allo specchio non sarai più così insicuro.
- Il portamento sarà più eretto.
- Nel dire queste frasi la voce diventerà un po' più piena e profonda.
- Cominci a sentire questa verità nel plesso solare.
- Cominci a svilupparti secondo questo ideale.
- La tua autostima aumenterà.
- Presto anche gli altri parleranno del tuo nuovo aspetto.

Se poi ti abitui a sorridere durante l'esercizio vedrai più in fretta gli sviluppi positivi.

E presto anche tu oserai dire: «Sono sexy.»

Perché sì, lo sei. Non c'è motivo di conservare ancora questo desiderio.

Quando cominci a vederti sexy, presto anche gli altri ti vedranno così.

E, parlando seriamente, sarebbe così ridicolo avere un corpo sexy? Non sarebbe semplicemente bello?

Caro Pierre,
durante il weekend di seminari che hai tenuto
ad Amburgo, durante un esercizio sono

andata davanti a ogni partecipante e ho detto: «Raggiungo il mio peso forma con facilità!»
Ok, e questo era una cosa. Sinceramente non ero affatto pronta a condividere con gli altri quanti chili dovevo dimagrire... altrimenti li avrei già persi.
Ma come facevo a sapere quanti chili dovevo esattamente perdere? Così mi sono creata questa affermazione: «Raggiungo facilmente il peso ideale per il mio corpo.»
Ah! Sembrava perfetto.
Poi ho scoperto la cifra chiara e tonda: secondo una diagnosi medica, per scongiurare la minaccia del diabete dovevo perdere almeno 25 chili. Bang! Tanti! Però almeno ora avevo un numero!
Che meraviglia, ora avevo la mia affermazione e un numero di chili da tenere a mente.
Ho continuato a ripetere la mia affermazione e dopo poco ho notato che il mio appetito era cambiato, il consumo di frutta e verdura aumentava sempre di più e gli alimenti ipercalorici non mi piacevano più.
Per incoraggiarmi ancora di più, ogni giorno mi sorridevo allo specchio e dicevo: «Wow, oggi sei davvero bella! E sei dimagrita... fantastico!»
Nel giro di sei mesi ho perso due taglie e adesso sto quasi per perderne un'altra!
Sempre più di frequente ricevo complimenti per quanto sono dimagrita e quando mi

chiedono come ho fatto, in quanto allieva del Libro dei desideri non posso che rispondere rilassata: «Con facilità, con tanta facilità.»
Saluti,

           Christine

Affermazioni davanti allo specchio
- In ogni momento ho il controllo sui miei segnali fisici.
- Sono degno d'amore.
- Sono sexy.
- Sono fantastico.
- Sono un dono per qualsiasi uomo (o donna).
- Wow, oggi hai davvero un bell'aspetto!
- E sei dimagrito… fantastico!

Un vero e proprio allenamento all'alimentazione sbagliata

Abbiamo parlato delle convinzioni inconsce e come siano responsabili dell'aspetto del nostro corpo.

Le convinzioni inconsce programmano il cervello influenzando il nostro comportamento. Siamo inconsapevoli di molte cose che facciamo. A volte sono cose proprio singolari.

E per farle ci siamo sottoposti a un vero e proprio allenamento. Sin da piccoli. Anche se questi programmi erano mossi da buone intenzioni, ci portano stranamente a essere sempre in sovrappeso.

Infatti siamo stati allenati a un'alimentazione sbagliata.

La passione per i dolci

La maggior parte di noi ama i dolci. In particolare il cioccolato. Ovviamente il cacao è responsabile anche del rilascio di serotonina (quindi l'ormone della felicità) da parte del cervello. Quando mangiamo cioccolato siamo quindi felici per un breve lasso di tempo.

Ma ci sono anche motivi molto più importanti dietro alla nostra golosità per il cioccolato.

Mettiamo il cioccolato e la ricompensa sullo stesso piano.

Quando da piccoli facevamo qualcosa di buono, come premio ricevevamo un pezzo di cioccolato o un cioccolatino. Se invece ci comportavamo male, ci vietavano di mangiare qualsiasi tipo di dolce.

Molto velocemente abbiamo collegato ai dolci la ricompensa, l'apprezzamento e l'amore. Quando ci davano del cioccolato non era solo perché eravamo stati bravi, ma anche perché ci volevano bene.

Era tutto a posto. E noi eravamo felici.

Questa consapevolezza si è radicata in noi così profondamente che ancora oggi mettiamo sullo stesso piano i dolci, l'apprezzamento e l'elogio. Quando mangiamo il cioccolato è come se volessimo lodarci, apprezzarci, come se volessimo provare a noi stessi: sì, siamo bravi. Sì, è tutto a posto. Siamo amati.

> *I dolci valgono come una manifestazione d'affetto.*

In fondo ce l'hanno insegnato sin da quando eravamo bambini.

Ancora oggi regaliamo cioccolatini a chi vogliamo bene, e a San Valentino intere scatole di cioccolatini a forma di cuore o di dolcetti esprimono il nostro riconoscimento, l'affetto e l'amore.

Ma anche quando siamo stati tristi, quando ci siamo sentiti perduti o ci siamo fatti male, abbiamo ricevuto della cioccolata per consolarci e distrarci.

Da adulti abbiamo quindi interpretato che i dolci ci servivano per essere felici nei momenti di tristezza.

Non c'è da meravigliarsi se ancora oggi, quando ci sentiamo soli e siamo depressi o abbiamo problemi di cuore, ci affidiamo nuovamente alla "sicurezza" promessa dal cioccolato. Non conosciamo altro modo. Il cioccolato è diventato il conforto della nostra anima.

In un mondo in cui piuttosto spesso ci sentiamo soli e persi, il cioccolato è diventato una sorta di sostituto dell'amore e della sicurezza. Il cioccolato deve compensare quello che abbiamo perso in calore umano.

Oggi afferriamo una tavoletta di cioccolato in modo tanto inconscio semplicemente perché per anni siamo stati *allenati* a farlo.

Per questo motivo ovunque andiamo troviamo dolci in bella vista: alle casse del supermercato, alla reception degli hotel e sul cuscino della nostra stanza d'albergo troviamo sempre un cioccolatino della buonanotte. Come quando da piccoli ci davano il dolcetto prima di andare a dormire, per invogliarci in modo gustoso ad andare a letto. Ci piace ancora il dolcetto della buonanotte e ci sentiamo molto meglio se lo mangiamo prima di infilarci in quelle lenzuola sconosciute di una camera d'albergo al 17° piano di una città che non è la nostra.

Anche nell'uso della lingua la dolcezza si è stabilita come forma d'affetto. «Come sei dolce» oppure «È molto dolce da parte tua.» Solo a sentire queste frasi sorridiamo.

La prossima volta che prendiamo in mano della cioccolata dobbiamo chiederci se ne abbiamo veramente voglia o se vogliamo *solo* rivivere una sensazione del passato o un bel ricordo.

Esiste un collegamento tra i nostri sentimenti
e il consumo di dolci.

Ti è mai capitato di notare che le persone infelici consumano molto più cioccolato di quelle felici?

Gli innamorati, per esempio, non mangiano quasi nulla di dolce. La vita per loro è già dolce così.

Esercizio
- Annota tutti i dolci che hai mangiato oggi.
- Poi scrivi i tuoi sentimenti. Quali emozioni o pensieri avevi prima?
- Che cosa è stato a scatenare il consumo di qualcosa di dolce?
- Che cosa ti preoccupava?
- E quali sentimenti e pensieri avevi dopo?

Naturalmente questo esercizio può essere esteso a tutti gli alimenti. Allora capiremo subito che solo di rado il corpo desidera davvero alcune sostanze, calorie, vitamine ecc. Di solito è alla ricerca di una compensazione emotiva.

Scrivi la tua piccola lista. Compilala per una settimana e scoprirai molto su te stesso.

Alimento	Che cosa mi preoccupava?	Che emozioni avevo?

Quando avremo riconosciuto la correlazione tra i pensieri, le emozioni e le nostre abitudini alimentari, tante cose cambieranno automaticamente. Tutto quello che diventa consapevolezza viene verificato dalla ragione a seconda dell'idoneità ai nostri scopi e viene adattato ai nostri desideri.

Se, per esempio, *diventiamo consapevoli* della nostra mania per la cioccolata, la nostra fame da lupo si regolerà molto presto.

Affermazioni
- ★ Il cibo serve a nutrire in modo ottimale il mio corpo e la mia anima. Per questo lo ringrazio!
- ★ In ogni momento so di cosa ha bisogno il mio corpo per rigenerarsi.
- ★ Mi nutro interiormente e fisicamente in modo sano e pieno d'amore.
- ★ Sono pieno di leggerezza.
- ★ Amo la mia vita.
- ★ Io mi abbraccio e la mia vita abbraccia me.

Soluzione 8

Usa la tecnica delle tre domande

Mangiare inconsapevolmente è quasi un riflesso automatico. Di solito ci accorgiamo di aver mangiato solo dopo averlo fatto. Come se ci svegliassimo solo in quel momento.

Possiamo impedire questo riflesso in modo molto facile e gentile. Grazie a tre domande.

Usa queste tre frasi ogni volta che mangi o vuoi mangiare. Abituati a rispondere mentalmente.

Domanda 1: Ho fame?

Sarai consapevole del tuo comportamento alimentare se ogni volta che vuoi mangiare ti chiedi: «Ho davvero fame?»

Per la ragione sembra quasi ridicolo. «Ovvio» risponderà, «altrimenti non mangeresti.» Purtroppo, come sappiamo, non è vero.

> *La maggior parte delle volte mangiamo*
> *anche se non abbiamo fame.*

Se ascoltiamo un po' il nostro corpo e rispondiamo a questa domanda, gli diamo la possibilità di mandarci i suoi segnali. Ricominciamo a prendere sul serio il nostro corpo. Finalmente anche lui avrà diritto di parola. Nel giro di poco tempo avremo di nuovo un rapporto normale con il nostro appetito. E questa volta sarà il corpo a decidere se abbiamo fame oppure no.

Domanda 2: Perché mangio?

Se ci poniamo regolarmente questa domanda mentre mangiamo, la nostra consapevolezza e la nostra sensazione corporea cambieranno incredibilmente.

Cominciamo a prestare ascolto e attenzione al corpo, non solo alle emozioni. Ricominciamo a percepire il linguaggio corporeo.

Mangio...

- per noia?
- per rabbia o frustrazione?
- per consolarmi?
- perché anche gli altri mangiano?
- perché voglio essere di compagnia?
- perché non so dove mettere le mani?
- perché il tavolo è pieno di prelibatezze?
- perché sarebbe un peccato fare andare a male il cibo?
- perché sono abituato a mangiare a quest'ora?
- perché mangio sempre quando sono agitato?
- perché non voglio deludere il cuoco o la cuoca o l'ospite?
- perché mi piacciono le sensazioni che provo mentre mangio?

Sono migliaia i motivi per cui mangiamo.
Non sempre riguardano davvero la fame.

Per la precisione, mangiamo molto più spesso di quanto ci spingerebbe a fare il senso di fame.

Se mangiassimo davvero solo quando abbiamo fame non ingrasseremmo.

Domanda 3: Sono già sazio?

Di solito mangiamo tanto velocemente che il livello di sazietà può farsi sentire solo quando oramai ci siamo già abbuffati.

Perciò questa domanda è molto utile per ricominciare a sentire il proprio corpo:

- Osservati ancora una volta mentre mangi e chiediti sempre: «Sono già sazio?»
- Senti dentro di te se il nutrimento ti fa davvero bene.
- Non sentire solo a livello del palato e del gusto, ma anche dello stomaco.
- È già pieno?
- Hai la sensazione di aver bisogno di più cibo?
- O hai la sensazione che se continuerai a mangiare ti sentirai appesantito e ingolfato invece che pieno di energia?

Se ci facciamo queste domande per un breve periodo di tempo, il nostro comportamento e il nostro modo di pensare cambieranno incredibilmente.

La nostra sensazione corporea ci dice subito e in modo chiaro dove stanno i nostri veri limiti alimentari.

Quando ricominciamo ad ascoltarla, la consapevolezza, le abitudini e... il nostro corpo cambieranno in breve tempo.

Affermazioni
- ✭ Nutro la mia anima a livello spirituale, mentre alimento il mio corpo con il cibo.
- ✭ Scelgo alimenti che rinnovano le mie cellule e mi forniscono energia ottimale.
- ✭ Osservo con attenzione quale cibo mi fa bene.

Soluzione 9

Crea la zona no-cibo

Ognuno di noi, nel corso della vita, ha eletto i suoi posti preferiti per mangiare. Potrebbe essere davanti alla televisione o sul divano di casa. Altri si sono abituati a mangiare lavorando o a una tavola calda se sono fuori casa. Il consumo di cibo in un luogo ben preciso è diventato una piacevole abitudine per noi.

Ma quando colleghiamo diverse cose (per esempio, pensieri e sentimenti) con determinate occupazioni e luoghi, allora condizioniamo la ragione. Abbiamo creato un legame inconscio.

Molto presto, quando siamo nelle vicinanze di determinati luoghi, la ragione comincia a sviluppare in autonomia questi sentimenti. Di solito non abbiamo idea del perché, all'improvviso sentiamo il forte stimolo di mangiare. Spesso questo automatismo si manifesta sotto forma di voglia irrefrenabile o desiderio struggente. Sembra quasi un fulmine a ciel sereno. Ci assale senza preavviso. In realtà è perché abbiamo condizionato la nostra ragione.

Se, per esempio, quando beviamo birra, ascoltiamo sempre la stessa musica, dopo un po' ci verrà sete quando sentiamo quella canzone alla radio. Abbiamo collegato le due cose. Abbiamo stabilito una connessione per la nostra ragione. Si arriverà a un punto in cui basta nominare il cantante o vedere un cartellone con la sua immagine per farci venire l'acquolina in bocca.

L'industria pubblicitaria conosce questo legame e

crea nessi di questo genere nella nostra ragione. Che cosa ha a che fare la birra col calcio? O una donna nuda con un'auto? A noi queste associazioni sembrano quasi ovvie. Siamo stati abilmente manipolati.

Sicuramente ognuno di noi conosce molti di questi condizionamenti psicologici nella sua vita. Tanti li abbiamo creati noi stessi.

Se, per esempio, ci siamo abituati ad andare subito in bagno appena tornati a casa, appena aperta la porta d'ingresso sentiremo lo stimolo. Dopo poco tempo questa *anticipazione* aumenterà e lo stimolo a dover andare in bagno si presenterà già sulla strada del ritorno. A un certo punto la nostra ragione si preparerà a svuotare la vescica al semplice pensiero che presto andremo a casa. E quindi molti di noi nel varcare la soglia non ce la faranno quasi più a tenerla. Non appena messo piede in casa butteranno chiavi e cappotto da qualche parte e si precipiteranno in bagno. Si sono condizionati a farlo.

Non è diverso se ci siamo abituati a mangiare in determinati luoghi. Allora abbiamo sicuramente condizionato la nostra ragione a sviluppare il senso di fame già quando ci avviciniamo a questi posti.

A tal proposito, questa domanda è molto interessante: quali sono i posti preferiti in cui mangi?

Questi luoghi sono in gran parte corresponsabili del nostro sovrappeso.

Nel nostro cervello abbiamo tracciato un nesso diretto tra un determinato posto e la nostra assunzione di cibo. Si potrebbe anche dire che ci siamo condizionati a sviluppare il senso di fame quando andiamo in uno di questi luoghi.

Ci sono posti dove ci siamo allenati
a mangiare.

Di solito non abbiamo solo una preferenza, ma tante. Questo significa che sono molti i luoghi che ci invogliano a mangiare.

Grazie a un mirato allenamento abbiamo creato una relazione nel nostro cervello.

Possiamo anche dire che abbiamo installato un programma ben funzionante. Ma i programmi si possono cambiare non appena ne scopriamo i difetti.

Segna quali sono i posti dove mangi abitualmente.

- ☐ Davanti al pc
- ☐ Alla scrivania
- ☐ Al telefono
- ☐ Davanti al frigorifero
- ☐ Sul divano
- ☐ In auto
- ☐ In treno
- ☐ Dagli amici
- ☐ Al bar
- ☐ Alle feste
- ☐ Sul tavolo da pranzo
- ☐ Mentre cucini, davanti ai fornelli
- ☐ In ufficio
- ☐ Davanti alla finestra
- ☐ In cucina
- ☐ A letto
- ☐ Nella vasca
- ☐ In aereo
- ☐ Al ristorante
- ☐ Al cinema
- ☐ In un fast food
- ☐ In mensa
- ☐ Sul tavolo della cucina
- ☐ Mentre fai shopping

Sicuramente ci sono diversi luoghi in cui sei abituato a mangiare.

Se non vogliamo più che si inneschi l'automatismo della fame o dell'avere sempre in bocca qualcosa quando siamo in questi posti, dobbiamo solo cambiare la nostra abitudine verso questi luoghi per un po' di tempo.

Semplicemente, riprogrammiamo la ragione.

Se dichiariamo uno o più di questi luoghi come zone no-cibo, dopo poco tempo lo stimolo della fame non si ripresenterà più.

Esercizio
- Pensa in quali luoghi d'ora in poi escluderai il cibo.
- All'inizio prefiggiti solo un luogo per non esigere troppo da te stesso o metterti sotto pressione.

La cosa migliore è cominciare a escludere innanzitutto i luoghi in cui dormiamo o lavoriamo. In questo modo copriamo gran parte delle ore della nostra giornata.

Se nelle settimane successive aumentiamo queste aree, per esempio davanti alla televisione o al cinema o dove leggiamo volentieri, gestiremo in modo sempre più vigile e consapevole le nostre abitudini alimentari.

Perché non dichiariamo zona no-cibo la nostra auto? Quindi eviteremo di mangiare dei panini nelle stazioni di rifornimento. Niente più cioccolato mentre siamo in coda. Niente *Brezel* sulla strada per andare al lavoro. Se vogliamo mangiare durante il tragitto, allora facciamolo quando siamo nelle aree di sosta o all'autogrill.

> *Se cominciamo a dichiarare uno o più luoghi come zone no-cibo, e riusciamo a farlo per un po' di tempo, il nostro cervello si riprogramma.*

Dimagrire comincia dalla mente e si vede poi sul corpo.

Questa regola vale anche qui. Se riusciamo a trasformare le nostre abitudini, in brevissimo tempo avremo un corpo che non solo ci piace, ma che finalmente tornerà a essere vitale.

Affermazioni
- ★ Abbandono i vecchi modelli comportamentali e ne creo di nuovi.
- ★ Nelle mie mani ho la chiave del potere. Ora e per sempre.

Soluzione 10

Rendi il tuo ambiente più magro

Dentro come fuori

Abbiamo appena letto della grande influenza che la forza del pensiero e le convinzioni possono avere sulla sensibilità corporea. L'interno condiziona l'esterno. Sfruttiamo una delle leggi fondamentali.

> *La bellezza interiore è bellezza esteriore.*

Quello che pensiamo dentro di noi si ripercuote sul nostro aspetto. Tutte le nostre convinzioni interne si manifestano inevitabilmente nel mondo visibile della materia.

Se siamo interiormente calmi ed equilibrati, presto sarà visibile anche nel mondo esteriore. Se ci pensiamo e ci sentiamo magri, questo sarà ben presto visibile sul nostro corpo.

Visto che nel mondo esteriore può esistere solo ciò che esiste anche in quello interiore, l'ambiente che ci circonda è un ottimo sistema di lettura per capire quale campo di risonanza stiamo costruendo in questo momento.

Se per caso il tuo appartamento è stracolmo e pieno di cose, anche tu ti sentirai così.

La legge della risonanza però non vale solo dall'interno verso l'esterno, ma anche dall'esterno verso l'interno. Entrambi si influenzano a vicenda.

> *Quello che percepiamo all'esterno si ripercuote al nostro interno.*

Se l'ambiente che ci circonda è sbagliato per noi, possiamo impegnarci quanto vogliamo a creare le giuste risonanze, ma il nostro ambiente ci riporterà sempre lì, dove non vogliamo assolutamente stare, e distruggerà il nuovo campo di risonanza.

Se ci troviamo in un ambiente pieno di cose, sarà difficile per noi avere un corpo più leggero.

Al contrario, un campo di risonanza favorevole ci influenzerà in modo positivo e farà vibrare in noi qualcosa di molto utile per il nostro sviluppo. Perché è naturale sfruttare questi campi di risonanza che ci aiutano a realizzare i nostri desideri.

Fai dimagrire la tua casa

Se facciamo ordine nel nostro mondo esteriore, presto anche dentro di noi si instaureranno l'ordine e la pace. Se nel mondo esteriore abbandoniamo le zavorre, lo riflettiamo anche dentro di noi.

- Se abbandoniamo le cose vecchie e inutili nel nostro appartamento, anche il nostro corpo si libererà della vecchia zavorra che ci portiamo inutilmente dietro.

Ma non sempre è così facile. Possedere qualcosa, di solito, ci infonde un sentimento di sicurezza. Inoltre i vecchi oggetti rappresentano anche tutto quello che abbiamo vissuto finora. Ci dimostrano che siamo stati amati, che ci hanno regalato qualcosa, che ci hanno tenuto in considerazione. Così, alcuni oggetti ci ricordano, per esempio, meravigliosi punti di contatto con gli altri. Alcuni vestiti risvegliano in noi sensazioni di un'estate indimenticabile, alcuni libri ci richiamano alla mente una sera davanti al camino, e il tavolo della cucina ci ricorda nostra nonna o le care parole di un amico.

Ma possedere qualcosa ha anche un risvolto negativo. Il possesso pesa. A volte ci incatena, ci rende pigri, inerti, ignavi e addirittura prigionieri.

> *Spesso accumuliamo così tanti oggetti*
> *che non riusciamo quasi più a muoverci.*

Di solito abbiamo ancora i mobili dei nostri genitori, dei nonni o pezzi d'arredamento che abbiamo comprato quando eravamo giovani. La maggior parte di questi oggetti non corrisponde più alle nostre condizioni di vita di oggi. Eppure ancora ce ne circondiamo.

È un paradosso: con così tanta fatica e impegno ci siamo separati dalle vecchie abitudini, eppure portiamo con noi nel presente tutti i ricordi. Interiormente vorremmo essere liberi, esteriormente siamo ancora imprigionati dove non vogliamo più stare.[7]

> *Ci troviamo ancora nella pesantezza*
> *del passato e non nella leggerezza del presente.*

Dentro come fuori
— Il tuo appartamento sei tu.
— È l'espressione della tua personalità.
— È pieno e stipato di cose?
— Forse non vuoi mostrare agli altri il tuo appartamento così come non vuoi mostrare il tuo corpo.

---

[7] Pierre Franckh, *Einfach glücklich sein. 7 Schlüssel zur Leichtigkeit des Seins*, Goldmann Verlag, Monaco 2008.

Fuori come dentro
- L'aspetto del tuo appartamento si ripercuote su di te.
- È un luogo che ti dona calma ed energia oppure no?
- Che aspetto ha il tuo soggiorno? È un luogo per rilassarti? O è caotico?
- E la camera da letto è un luogo di silenzio? O è più un ripostiglio? Forse persino invaso dalla biancheria sporca? È un posto in cui ti trattieni volentieri con il/la tuo/a amato/a? O dove preferisci addormentarti in fretta?
- Che risonanza possiede il tuo appartamento? È il tuo luogo di forza personale? Se non lo è, fallo diventare.

Rendi la tua casa il tuo personale luogo di forza.

È un luogo di leggerezza sempre pronto ad accettare le novità? O è già strapieno di cose da cui non riesci a staccarti?

Se vuoi perdere la zavorra fisica devi far dimagrire il tuo appartamento.

Fai un giro per la casa. Che cosa hai sempre voluto buttar via? Cosa ti pesa? Di cosa non hai più bisogno?

Quali sono le cose che non usi già da tempo ma ti porti sempre in giro?

Ispeziona gli armadi. Quali vestiti sono solo ricordi? Quali scarpe? Quali attrezzi?

Conservi ancora vecchie lettere? Rimani legato a vecchie fotografie?

Ogni singola cosa di cui ti sbarazzi ti aiuta a ringiovanire, a liberarti e a rinnovarti.

Quando la tua casa sarà più libera e leggera
lo sarai anche tu.

Non riflettere troppo. Non soffermarti all'infinito su oggetti del passato. La ragione risveglierà molto velocemente i vecchi ricordi e ti farà credere che è impossibile gettare questi pezzi di passato.

In realtà è sempre la stessa storia: non appena dobbiamo liberarci di qualcosa cominciamo a capirne il valore. Anche se magari ce ne eravamo del tutto dimenticati o non ci facevamo nemmeno più caso, rientriamo in contatto con la gioia che avevamo provato quando avevamo comprato o ricevuto quel determinato oggetto. Infatti appena guardiamo le cose di cui dovremmo liberarci, la ragione pensa che se ce ne separiamo perderemo per sempre anche quella gioia. Ovviamente questo non corrisponde a verità. In realtà vale esattamente il contrario. Solo quando ci allontaniamo dalle cose che ci pesano e ci trattengono nel passato siamo di nuovo pronti ad accogliere nuova felicità nella nostra vita.

Non ci alleggeriremo solo spiritualmente,
ma anche fisicamente.

Quindi più rifletterai sull'oggetto, più ti riuscirà difficile sbarazzartene.

Metti della musica allegra e positiva, prepara tanti sacchi della spazzatura e gira per l'appartamento.

Si tratta di te. Della tua libertà. Non importa cosa pensano gli altri. Non importa quanto gli altri considerino fondamentali questi oggetti. Ma era il regalo di Sebastian, e questo l'ha dipinto mia mamma, e quest'altro…

Ogni oggetto ha un'origine. È perfettamente normale. Ma queste cose hanno già fatto il loro lavoro per un bel po' di tempo. Una volta ci hanno resi felici. Oggi magari ci fanno sentire solo la nostalgia dei tempi andati.

In questo modo ti impedisci di andare avanti e vivere la tua vita. Diventi sempre più pesante.

Invece noi vogliamo diventare sempre più leggeri. Vogliamo volare. Vogliamo essere liberi. Abbiamo bisogno di spazio per il nuovo.

Cammina per l'appartamento. Senza un metodo prestabilito. Osserva casa tua come se fossi un estraneo.

Cestina qualsiasi cosa ti capita tra le mani che non sembra davvero importante.

Ogni grammo che perde la tua casa, lo perderai anche tu.

Alcune cose sembrano indispensabili. Non farti ingannare. Siamo portati a immagazzinare e ad accumulare. Anche il corpo fa così. Forse potrebbe ancora servire in caso di necessità... Anche il tuo corpo la pensa così.

Ogni singola cosa che non getti via pesa non solo sulla tua casa ma anche su di te.

Io ho usato un semplice trucchetto. Ho camminato a casaccio per l'appartamento e ho osservato le cose che non volevo buttare. Pensare «Cosa voglio tenere?» era molto più facile di «Cosa voglio buttare?»

- Ho segnato tutte le cose di cui avevo veramente bisogno.
- Ho messo un nastrino su tutte le cose che mi rendevano più felice.

In questo modo ho chiarito per la prima volta quali mobili e quali oggetti mi servono ancora oggi e mi arricchiscono. A ogni modo ero piuttosto stupito del fatto che fossero molti meno di quanto mi sarei aspettato.

Tuttavia, non è stato così facile per me abbandonare tutti gli altri oggetti del mio appartamento. Ogni singolo oggetto me lo rigiravo tre volte tra le mani e alla fine solo poche cose sono finite nello scatolone con la scritta buttare.

Allora ho fatto in un altro modo. E questa volta ho avuto successo. Forse avrai voglia di fare come me:

- Segna tutti gli oggetti e mobili nel tuo appartamento o nella tua casa che da alcuni mesi non usi più.
- Anche quelli che sono nel sottotetto o in cantina o forse già dentro gli scatoloni.
- Tutti gli oggetti che ti sei segnato non sono veramente importanti nella tua vita e ti sono solo di peso.
- La metà di quelli che non prendi più in mano già da un anno li puoi vendere tranquillamente su Ebay o regalare agli amici. (Ne saranno contenti?! Sicuramente anche loro hanno troppe cose da cui non riescono a separarsi.)
- Pensaci, nessuno vuole i tuoi vecchi cimeli.

Esercizio
- Vai in giro per l'appartamento e fai un segno di riconoscimento su ogni oggetto essenziale per la tua vita.
- Tutti gli oggetti che non hanno un contrassegno vanno messi prima nel corridoio.
- Concorda con te stesso un numero limitato di cose che devono rimanere (per esempio, massimo venti).

- Chiedi a un amico o a un'amica di aiutarti a smistarle.
- Prepara tre grandi scatoloni e scrivici sopra "Rifiuti ingombranti", "Regalare" e "Vendere".
- Se ti è difficile abbandonare le cose, perché tutto è essenziale per la tua vita e ogni cosa ha ottenuto un segno di riconoscimento, svuota del tutto la camera e il giorno dopo decidi quali mobili o oggetti rimettere dentro.
- Limitati a un cifra stabilita ogni giorno.
- Goditi la nuova libertà acquisita.

Utilizza la legge della risonanza. Rendi più magro il tuo appartamento. E anche tu dimagrirai più in fretta.

Fai come Gabi, che ha provato inutilmente a dimagrire per anni.

> Caro Pierre,
> per me è una cosa molto importante poterti scrivere.
> L'argomento "dimagrire" al momento mi rende molto felice della mia vita!
> Ho cominciato con un programma di dimagrimento di un anno ma il mio peso non era cambiato.
> Quindi quella non era la giusta strada per ottenere il corpo dei miei sogni. Ma poi Pierre Franckh è entrato nella mia vita.
> Incoraggiata dai tuoi libri, ho cominciato a liberarmi della zavorra.
> Ho semplicemente riordinato la mia vita.
> Ogni armadio, ogni cassetto, anche il

guardaroba, ogni accumulo di roba, stanza per stanza.
Ho messo ordine anche nei miei pensieri. Mi sono occupata del mio passato. Ho cominciato a perdonare, a lasciare andare, le persone, i genitori, le situazioni.
E sai, Pierre, cosa è successo?
Da allora il mio peso è crollato. Chilo per chilo, mese dopo mese. E perché? Avevo gettato via la zavorra. Materiale, mentale e spirituale.
Ho cominciato a fiorire. Mi sentivo meglio di settimana in settimana. Ogni settimana ero sempre più bella e soprattutto avevo un aspetto molto più giovane. Me ne andavo in giro sorridendo, e tutti, anche i più musoni, ricambiavano il sorriso. Mi sentivo infinitamente libera.
All'inizio di quest'anno ce l'ho fatta! Sono arrivata alla magica cifra di 62! Il numero che una volta pensavo fosse pura utopia lampeggiava sulla mia bilancia! Una sensazione indescrivibile di felicità! Lacrime di gioia.
Ora sono arrivata a 57 chili, quasi un miracolo. Ricevo complimenti da donne e uomini. Non mi sono mai sentita così bene nel mio corpo. Vivo una sensazione vitale totalmente nuova. E tutto questo non grazie a una snervante dieta conta-calorie o altro, ma per aver gettato via le cianfrusaglie e aver espresso correttamente i miei desideri. Non mi

sono mai sentita così sana, più giovane di 10 anni, così sicura di me, attraente e sexy. Anche la mia vita sessuale (prima pensavo che fosse già finita) è cambiata completamente. Non ho mai provato niente di così profondo e intenso come ora. Ho scoperto lati di me che non conoscevo. Lati che sono stati liberati solo ora.

E pensa, Pierre, mia figlia (bravissima fotografa amatoriale) ha fatto un servizio con me (53 anni) e ha raccolto questi begli scatti erotici (140 fotografie) in un album. Con questa lettera voglio ringraziarti di cuore. I tuoi libri sono un utilissimo punto di riferimento quando ci si è persi!

Tanti cari saluti e un caldo abbraccio

Gabi

Affermazioni
- ★ Ho fiducia nella mia vita.
- ★ Sono protetto in tutti i sensi.
- ★ Non mi manca niente.
- ★ Ho tutto quello che mi serve per vivere una vita piena di luce.
- ★ Ho fin troppo.

Soluzione 11

Non giudicare gli altri dal loro peso

Come giudichiamo in fretta gli altri per il loro aspetto! Con spietata crudeltà siamo alla ricerca dei loro punti deboli e ci rallegriamo per ogni errore che scopriamo.

Troviamo anche piuttosto in fretta persone a noi affini, che confermano le nostre opinioni negative sugli altri.

Ma prova a osservare meglio le persone che hanno le tue stesse opinioni sugli altri. La maggior parte non è soddisfatta della propria vita, del proprio lavoro, della propria casa, del proprio aspetto.

Ti suona familiare?

Osservali bene, perché sono come te.

> *Secondo la legge dell'attrazione i simili si attraggono.*

Per una volta guardali meglio. Non hanno nulla di bello quando, come te, spettegolano sugli altri. Perdono la loro grandezza e superiorità, la loro forza e dignità. Risvegliano dentro di sé oscillazioni negative.

Ognuno di noi ha lati oscuri e lati luminosi. Possiamo entrare in contatto con tutti questi aspetti di noi.

Se orientiamo la nostra percezione cosciente verso gli errori degli altri, entriamo nel campo di frequenza della mancanza e anche in noi si risveglia questa energia.

Se ci siamo separati dall'amore per noi stessi, richiameremo sempre anche negli altri una separazione. In realtà cerchiamo di mettere alla gogna gli errori degli altri nella speranza che nessuno possa vedere i nostri. Soprattutto perché siamo i primi a non volerli vedere.

Invece di cercare le nostre mancanze e trattarle con amore, allontaniamo la verità. Se potessimo davvero accettare i nostri errori, lo faremmo anche con le altre persone.

Pensiamo di vedere gli altri ma in realtà vediamo sempre noi stessi. Possiamo vedere negli altri solo ed esclusivamente quello che si nasconde dentro di noi. Tutto il resto non riusciamo affatto a percepirlo. Tutto il resto non si trova all'interno del nostro campo di risonanza e non fa oscillare niente dentro di noi.

> *Possiamo sentire solo quello che vibra*
> *in modo inconscio o conscio dentro di noi.*

Se quindi giudichi gli altri, risvegli questa energia assopita anche dentro di te. Rivedi te stesso negli altri.

> *Quando giudichi qualcuno, giudichi*
> *segretamente soprattutto te stesso.*

Più ti fai un'idea negativa di una persona, più indebolisci te stesso e la tua felicità.

Quando pensi quanto sia grasso e brutto qualcuno, in realtà stai giudicando anche il tuo corpo.

Se dirigi l'attenzione sul peso, aumenterai sempre di più questo campo di risonanza della tua vita.

E presto sarai circondato da persone su cui avrai da ridire, perché inconsciamente cerchi la loro vicinanza.

*Campi di risonanza con la stessa frequenza
si attirano a vicenda.*

Se, invece, entrassi in contatto solo con la bellezza del tuo corpo, incontreresti subito persone che ti piacciono.

Concentrandoci su quello che ci piace, entriamo nel campo di risonanza della bellezza. Anche qui vale la legge della risonanza: i simili si attraggono. Sarai sempre più circondato da persone che la pensano in modo simile a te e assomigliano fisicamente al modello che tu vorresti raggiungere.

Soprattutto, smettila di giudicarti. E questo è un passo importante. Perché puoi finalmente entrare in contatto con la bellezza, in particolare con la tua bellezza.

Esercizio
- Prova gioia per chiunque abbia un bell'aspetto. O meglio, per chi pensi che abbia un bell'aspetto.
- Non devi dire nulla all'altro. Si tratta sempre e solo dell'energia da percepire.
- Elogia l'aspetto degli altri. Risveglierà la stessa energia anche dentro di te.
- Elargisci complimenti. In questo modo regali apprezzamenti anche a te stesso.
- Degli altri osserva solo quello che ti piace. C'è sempre qualcosa che ci piace negli altri.
- Cerca di farlo per un giorno intero. La tua vita cambierà di colpo.

La gioia e la forza di quello che trasmetti tornerà nella tua vita. E la bellezza da tempo assopita verrà risvegliata grazie a questa nuova direzione.

Affermazioni
- ✭ Sono grato a me stesso e a tutto quello che mi circonda.
- ✭ Amo la vita.
- ✭ Ognuno di noi ha qualcosa di divino dentro di sé.
- ✭ In me e negli altri vedo solo il bello.

Quando l'anima ha fame il corpo mangia

Perché vuoi dimagrire?
Questa domanda può sembrare fuori luogo, di primo acchito. I motivi per cui vogliamo dimagrire sono così evidenti.

Eppure rispondere a questa domanda è fondamentale. Perché quanto più sappiamo con precisione perché vogliamo dimagrire, tanto più esatta sarà la nostra formulazione del desiderio e di conseguenza anche l'obiettivo che vogliamo raggiungere.

Se ci poniamo questa domanda ci accorgeremo che essere magri non è per niente il nostro unico scopo. Quasi sempre dietro il desiderio di dimagrire si nasconde un altro movente: forse abbiamo paura che la nostra anima gemella possa lasciarci o speriamo di riconquistarla.

O forse non vogliamo ammalarci e speriamo che perdendo peso torniamo a essere di nuovo sani.

Vogliamo perdere peso...

- perché la società preferisce le persone magre;
- perché corrisponde all'ideale di bellezza di oggi;
- perché le modelle sono magre;
- perché il nostro o la nostra partner provi più interesse nei nostri confronti;
- perché vogliamo riconquistare il nostro partner.

Conquistare un/a compagno/a non ha niente a che fare con l'essere magri o belli. Altrimenti le persone in sovrappeso non avrebbero mai un partner. Avere una persona accanto a sé riguarda solo la disponibilità ad aprirsi agli altri. Lasciarsi andare. Abbandonarsi all'amore. E di conseguenza anche al rischio di rimanere feriti.

Ci sono migliaia di motivi per cui vogliamo dimagrire e molto spesso questi motivi in realtà non hanno niente a che vedere con la nostra corpulenza. Molto spesso il peso acquisito è solo la prova che qualcosa dentro di noi non è in equilibrio.

> *Dietro al desiderio di essere magri si nasconde*
> *in verità sempre e solo il desiderio di felicità*
> *e amore.*

Quando cominciamo a esaminare il desiderio di avere un corpo magro, scopriremo sempre che il nostro fine ultimo è l'amore e la felicità.

Prova anche tu!
- Pensa a come sarà bello quando il tuo desiderio si sarà avverato.

Forse il tuo obiettivo in realtà non è per niente dimagrire, ma essere amato e riconosciuto, ammirato o notato. O poter sperimentare l'amore di un'altra persona.

Allora la vera risposta sarà: vuoi dimagrire...

- per essere felice;
- per essere pieno di vita;
- per tornare a correre, ballare e saltare;
- per poter indossare un bikini;

- per essere felice quando ti guardi nudo allo specchio;
- per aver voglia di mostrarti durante i rapporti sessuali.

Non di rado pensiamo che con il nostro aspetto attuale non potremo mai avere l'amore di un'altra persona. Ma spesso la nostra corpulenza è solo una bella scusa, anche se evidentemente molto dolorosa.

> *Il sovrappeso è solo la conseguenza esteriore*
> *del fatto di non sentirci degni d'amore.*

Quindi non è vero che non siamo degni d'amore perché siamo grassi, ma siamo grassi perché non pensiamo di meritarci l'amore.

Conosco molte fantastiche persone in carne, equilibrate e piene di vita, a cui non verrebbe mai in mente di dimagrire. Si amano e sono amate. Così come sono. Per essere amate non hanno bisogno di dimagrire.

Si trovano belle.

Le persone che vogliono dimagrire non si sentono belle. E, di conseguenza, non si sentono nemmeno degne d'essere amate. E siccome non pensano di essere degne d'amore, ingrassano ancora di più. In questo modo si trovano in una spirale che le allontana sempre di più da loro stesse.

> *Anche l'anima mangia ogni giorno.*
> *E ha una fame da lupi.*

Molto più importante di dimagrire è nutrirsi di quello di cui abbiamo bisogno: amore, riconoscimento, protezione, affetto.

Se nutri l'anima con tutto ciò di cui ha bisogno, raggiungerai ben presto il peso ideale. Tanto o poco che sia.

Ti guarderai allo specchio felice e forse praticherai persino dello sport. Perché quando ci accettiamo, accettiamo anche il nostro corpo e vogliamo ricominciare a fare qualcosa. Vogliamo muoverci.

Se rispetti le 11 soluzioni proposte in questo libro, ritroverai te stesso. Sarai felice di te. E da lì tutto si compirà da sé. Sicuramente la tua alimentazione cambierà e comincerai ad aver voglia di muoverti di più.

Quando siamo felici anche ogni cellula del nostro corpo lo è.

Allora ogni cellula ci ricambierà con altra felicità.

Cos'è la felicità per te? Questo è il tuo vero scopo.

Potremmo anche chiedere: «Per chi vuoi dimagrire? Per te stesso o per gli altri?»

E ancora una cosa. Non diventare dipendente dalla bilancia. Non dice nulla del tuo stato di salute.

Trova il tuo personale peso ideale. Non diventare schiavo della pubblicità o dell'opinione altrui.

La cosa importante è sentirsi sempre bene e soddisfatti.

A cosa ti serve un peso forma se sei infelice?

Chiediti sempre «Cosa voglio?», non: «Cosa vogliono gli altri?» Quando l'anima ha fame il corpo mangia. Allora dimagrire diventa una lotta continua.

Prima cerca di essere felice, il resto verrà da sé.

Quindi: di cos'hai bisogno per essere felice?

La felicità è dentro di te.

Lo è sempre stata.
L'hai solo dimenticata.

Quando sei felice,
in *equilibrio* con te stesso,
il tuo *squilibrio* si adeguerà
alla tua sensazione di felicità.

Dimagrire
sarà allora la conseguenza
più bella del mondo.

24 passi per dimagrire con successo

1. Deciditi e poniti obiettivi precisi!
2. Usa la forza delle affermazioni! Le affermazioni sono ordini per la ragione e il dna.
3. Smettila di credere di non esserne capace.
4. Impiega un po' più di tempo e forza per credere nel tuo successo.
5. Non pensare più ai motivi per cui sei in sovrappeso, perché se lo fai rendi ancora più spiacevole la tua situazione. Di solito inneschi solo una serie di pensieri negativi che ti fanno stare ancora peggio.
6. Anche se la tua immagine allo specchio non corrisponde a quello che vorresti essere, non rafforzare il tuo stato con parole e fatti. Se vuoi liberartene cerca delle analogie positive e concentrati su di esse ogni volta che puoi.
7. Quando ti radi o ti trucchi davanti allo specchio, sorridi alla tua immagine e dille: «Sono meraviglioso. Slanciato e attraente.» Usa questa tecnica più spesso possibile.
8. Se vedi la tua figura riflessa in una vetrina, allora di' a te stesso che lì c'è un uomo o una donna attraente.
9. Non soffermarti troppo sul passato. Non rimuginare più sulla situazione attuale.
10. Occupati solo di cose che ti fanno andare avanti.
11. Manda solo energia positiva al tuo corpo: pensa e riferisciti a te stesso solo in modo positivo.

12. Festeggia ogni risultato, grande o piccolo che sia. Questo rafforza la tua convinzione e il tuo desiderio.
13. Renditi sempre conto che stai lavorando per raggiungere il tuo desiderio.
14. Sii felice già da ora dei cambiamenti che la tua vita sperimenterà.
15. Apprezzati per tutto quello in cui riesci.
16. Non parlare sempre di dieta con i tuoi amici.
17. Segna tutto quello che mangi e riporta la tua alimentazione a un livello cosciente.
18. Disegnati col peso che desideri e identificati col corpo dei tuoi sogni. È importante avere sempre davanti agli occhi il tuo obiettivo e concentrarti su di esso.
19. Fai finta che, e vivi la gioia anticipata. Essa rafforza il nostro desiderio e non ci fa vacillare così facilmente.
20. Rivedi te stesso in ogni persona magra e portati sul giusto campo di risonanza. Tutto è collegato e ogni cosa influenza l'altra. Se vuoi avere un corpo magro, entra in contatto con i tuoi punti di riferimento.
21. Fai delle pause mentre mangi. Il cervello impiega 20 minuti prima di capire che hai assunto abbastanza nutrimento.
22. Crea la zona no-cibo. Quando per un po' cominciamo a dichiarare uno o più luoghi zone libere dal cibo, il nostro cervello si riprogramma.
23. Rendi il tuo ambiente più magro. Abbandonare le vecchie cose inutili di casa nostra porterà anche il nostro corpo a liberarsi della zavorra che si trascina inutilmente in giro.
24. Non giudicare gli altri per il loro peso. Se giudichi gli altri giudicherai soprattutto te stesso.

Aspetto le vostre storie!

Tutte le storie pubblicate qui mi sono state inviate da voi lettori. Alcuni nomi sono stati cambiati come richiesto dagli interessati, ma sono noti alla casa editrice.

Chi vuole condividere la sua storia può mandarla al seguente indirizzo e-mail: info@pierrefranckh.de

Se una delle vostre storie apparirà nel prossimo libro, riceverete due copie omaggio con una mia dedica personale.

Sono contento di ogni storia di successo che vorrete condividere.

Cari amici, vi ringrazio per la fantastica fiducia che mi trasmettete con le vostre lettere ed e-mail, e spero di continuare a onorarla.

Le vostre parole sono per me un vero regalo.

Grazie di cuore.

Informazioni su *Dimagrisci con la forza della mente*

Chi volesse ricevere maggiori informazioni su *Dimagrisci con la forza della mente* e il mio lavoro può visitare il mio sito.

Chi volesse ricevere la mia newsletter può registrarsi sulla mia homepage o mandarmi una breve e-mail. Il servizio è gratuito: www.pierrefranckh.de

Pierre Franckh tiene dei seminari durante i fine settimana.

E naturalmente anche seminari su *Dimagrisci con la forza della mente*.

Nei seminari verranno affrontate le seguenti domande:

- Come imparo a desiderare?
- Come posso esprimere correttamente il mio desiderio?
- Come faccio a dimagrire con la forza della mente?
- Come rafforzo i miei pensieri?
- Come riconosco i miei desideri inconsci?
- Come posso eliminare i desideri consci e come posso modificarli?
- Come mi libero dei dubbi?
- Come rintraccio i miei modelli di convinzione?
- Come posso liberare la strada interiore per far entrare i miei desideri?
- Come faccio a far avverare i miei desideri?
- Come faccio a plasmare la mia vita per renderla meravigliosa?
- Come faccio a diventare felice?

Occuparsi di domande e richieste personali durante il seminario può offrirti uno sguardo più profondo sul tuo comportamento nei confronti dei tuoi desideri e può mostrarti come uscire dal circolo vizioso del modello limitato e ottenere una nuova qualità di vita.

Quando sentiamo la forza dei desideri e quindi il potere di cambiare come vogliamo la nostra vita, non solo riacquisiamo autostima, ma anche la sensazione di essere persone equilibrate. Quando cominciamo a trasformare con successo i nostri desideri e obiettivi, siamo contenti. Ci sentiamo parte attiva del mondo che plasmiamo con i nostri desideri. Usciamo dalla dipendenza impotente ed entriamo nella nostra indipendenza.

Desiderare in modo efficace cambia tutto il nostro mondo; il modo in cui viviamo, osserviamo, percepiamo trasforma la nostra vita di coppia e l'amore per noi stessi.

Quando non solo capiamo, ma viviamo davvero il principio del desiderare efficacemente, l'intero corso vitale cambia. I miracoli accadono ogni giorno. Perché non può succedere anche a te?

Trovate tutti gli appuntamenti su:
www.pierrefranckh.de

Formazione coach

La formazione dei coach per *Il libro dei desideri* si rivolge a tutti coloro che vogliono lavorare come coach o vogliono inserire questo allenamento nel loro servizio di consulenza.

Fare da guide in questo percorso è un lavoro avvincente e impegnativo. Potrai sostenere le persone nel loro sviluppo personale e lavorativo e allo stesso tempo essere testimone dei loro cambiamenti.

Durante la formazione e nel tuo futuro ruolo di guida vivrai anche tu cambiamenti e sviluppi. Perché solo chi a sua volta ha seguito un processo di allenamento e grazie a esso si è sviluppato può insegnare agli altri.

Con questa formazione completa ricevi gli strumenti per aiutare gli altri in modo professionale ed esaustivo.

Inizio: ogni anno a gennaio.
Appuntamenti: ogni volta cinque seminari intensivi.
Durata: un anno.
Ulteriori informazioni:
www.pierrefranckh.de
W. Gillessen
Schönstr. 72b
81543 München
Tel.: 089/68 07 07 02
E-mail:wgillessen@t-online.de

Sommario

Testimonianze   7

Il dimagrimento comincia dalla mente e si vede poi sul corpo   9
    La svolta dal punto di vista biologico   17
    Usa la forza delle affermazioni   24

SOLUZIONE 1   Trasforma i desideri in obiettivi   33
    Dimagrire è una questione di giusti obiettivi   33
    Trova il momento giusto   39

SOLUZIONE 2   Sii consapevole di cosa mangi   40
    Porta la ragione dalla tua parte   40
    Segna tutto quello che mangi   42

SOLUZIONE 3   Trasforma le tue vecchie convinzioni negative   48
    Senza le giuste convinzioni positive rimane tutto come prima   48
    Trasforma le vecchie convinzioni   54
    Quali sono le tue convinzioni sul dimagrire?   64

SOLUZIONE 4   Pensati magro   67
    Identificati con il tuo peso ideale   67

		Disegna il tuo corpo dei sogni	68
		Fai finta che	73
		Usa la gioia anticipata	80
		Rivedi te stesso in ogni persona magra	85
		Tutto è collegato	87
SOLUZIONE	5	Trasforma le vecchie cattive abitudini	91
		Fai delle pause mentre mangi	94
		Mangiare consapevolmente, con leggerezza	100
		Con gli occhi bendati	100
SOLUZIONE	6	Osservati con gli occhi dell'amore	103
		Il desiderio di essere belli	103
		Esercizio di bellezza: la meditazione allo specchio	106
SOLUZIONE	7	Parla con il tuo corpo solo in modo positivo	119
		Comunicare col corpo	119
		Le frasi che ti riescono più difficili sono le frasi chiave	125
		Un vero e proprio allenamento all'alimentazione sbagliata	131
SOLUZIONE	8	Usa la tecnica delle tre domande	136
		Domanda 1: Ho fame?	136
		Domanda 2: Perché mangio?	137
		Domanda 3: Sono già sazio?	138
SOLUZIONE	9	Crea la zona no-cibo	139

SOLUZIONE 10	Rendi il tuo ambiente più magro	144
	Dentro come fuori	144
	Fai dimagrire la tua casa	145
SOLUZIONE 11	Non giudicare gli altri dal loro peso	154

Quando l'anima ha fame il corpo mangia — 159

24 passi per dimagrire con successo — 165

Aspetto le vostre storie! — 167

Stampato da
Grafica Veneta S.p.A., Trebaseleghe (Padova)
per conto di Sonzogno di Marsilio Editori® in Venezia

Le fotocopie per uso personale del lettore possono essere effettuate nei limiti del 15% del volume dietro pagamento alla SIAE del compenso previsto dall'art. 68, commi 4 e 5, della legge 22 aprile 1941 n. 633.
Le riproduzioni per finalità di carattere professionale, economico o commerciale o comunque per uso diverso da quello personale possono essere effettuate a seguito di specifica autorizzazione rilasciata da AIDRO (www.aidro.org).

Edizione										Anno				
10	9	8	7	6	5	4	3	2	1	2011	2012	2013	2014	2015